TEXTES LITTÉRAIRES

Collection dirigée par Keith Cameron

CIV

TOUSSAINT LOUVERTURE

Toussaint Louverture (B.N.: Cabinet des estampes)

ALPHONSE DE LAMARTINE

TOUSSAINT LOUVERTURE

Présentation et notes

de

Léon-François Hoffmann

UNIVERSITY
of
EXETER
PRESS

Pour Vonda et Gennifer.

Les recherches nécessaires à la présente édition ont été menées à bien grâce à l'aide généreuse du Comité de Recherches de l'Université de Princeton et de son Programme d'Études de l'Amérique latine.

First published in 1998 by
University of Exeter Press
Reed Hall
Streatham Drive
Exeter EX4 4QR
UK

British Library Cataloguing in
Publication Data
A catalogue record for this book is available
from the British Library

ISSN 0309-6998
ISBN 0 85989 635 8

Typeset by Julie Crocker
Printed in the UK
by Short Run Press Ltd. Exeter

INTRODUCTION

Lamartine fut un homme qui prit la vie au sérieux[1].

Lamartine a longtemps joui d'une extraordinaire popularité auprès de la critique comme du grand public. Bien que son nom et quelques-uns de ses poèmes soient entrés dans la mémoire collective, une partie importante de l'œuvre lamartinienne est aujourd'hui tombée dans l'oubli. On ne peut désormais se procurer en librairie que l'*Histoire des Girondins*, *Raphaël*, les *Méditations*, les *Nouvelles Méditations*, quatre éditions différentes de *Graziella* et enfin et surtout la précieuse édition des *Œuvres poétiques complètes* établie et annotée par Marius-François Guyard en 1963 dans la Bibliothèque de la Pléiade, qui a enfin accueilli les poèmes de Lamartine après ceux de ses contemporains Hugo, Vigny, Nerval et Musset.

Drame composé en alexandrins, *Toussaint Louverture* a trouvé place dans cette dernière édition des *Œuvres poétiques*. Les limitations d'espace n'ont sans doute pas permis à Marius-François Guyard de lui consacrer plus d'une page et demie d'un appareil critique d'ailleurs exemplaire. Après trente-cinq ans, il semble opportun d'en procurer une édition annotée qui fasse le point sur l'histoire, la réception et l'idéologie de la pièce. D'autant plus opportun que 1998 marque le cent-cinquantenaire de l'abolition définitive de l'esclavage dans les colonies françaises par décret du 27 avril 1848, décret paraphé par Lamartine, pour lors ministre des Affaires étrangères du gouvernement provisoire de la IIe République[2]. Aux côtés de Schœlcher, Tocqueville, Montalembert, Louis Blanc, Arago et d'autres, Lamartine avait milité contre l'esclavage; ayant composé son drame pour en hâter l'abolition, il avait recueilli en appendice ses discours prononcés dans la même intention. Comme ils ne contribuent guère à illuminer la pièce, je suis l'exemple de Marius-François Guyard et ne les reproduis pas.

---

1 Henri Guillemin, *Lamartine, l'homme et l'œuvre*, Paris, Boivin, 1940, p. 165.

2 On se rappelle que Sontonax et Polverel, membres de la Comission civile envoyée à Saint-Domingue par l'Assemblée Législative, décrétèrent l'abolition de l'esclavage dans la colonie en 1793. Le 4 février de l'année suivante, la Convention étendit l'abolition à toutes les possessions françaises. Bonaparte rétablit l'esclavage et la traite par décret du 17 mai 1802.

I: Le Texte

Le 4 mai 1850, la *Bibliographie de la France* annonce l'édition originale de *Toussaint Louverture*, poème dramatique par A. de Lamartine chez Michel Lévy frères, édition qui comporte une préface de l'auteur et, en appendice, le texte de quatre de ses interventions en faveur de l'abolition de l'esclavage. *Toussaint Louverture* avait été représenté pour la première fois un mois auparavant, le 6 avril, au Théâtre de la Porte Saint-Martin.

Une deuxième édition est annoncée en décembre de la même année, puis en 1854, et une «nouvelle édition» en 1857, chez le même éditeur. La pièce figure au tome 18 des *Œuvres de Monsieur A. de Lamartine* [dite «Édition des souscripteurs»], 52 v., Paris, Firmin Didot frères, 1848-1855, et au tome 32 (1863) des *Œuvres complètes*, 41 v., Paris, l'auteur, 1860-1866.

Après une réédition, toujours chez Michel Lévy frères, annoncée par la *Bibliographie de la France* en 1872 (c'est-à-dire trois ans après la mort du poète), il faudra attendre près d'un siècle les *Œuvres poétiques complètes* dans la Pléiade pour qu'en 1963 *Toussaint Louverture* soit à nouveau publié en France. Deux différentes éditions scolaires du texte, présenté et annoté en anglais, avaient paru entre temps à Londres, l'une en 1875, l'autre en 1931.

Marius-François Guyard a suivi le texte de l'édition originale «exception faite pour quelques fautes d'orthographe ou de ponctuation que rectifie l'édition de 1857», signalant qu' «il n'y a pas de véritable variante d'un texte à l'autre» (*Œuvres poétiques*, p. 1927). Certes, le texte de l'édition originale, où les vers supprimés à la représentation sont marqués d'un astérisque, est sans doute proche de celui que les spectateurs ont pu entendre. J'ai préféré retenir la version parue en 1863 au tome 32 des *Œuvres complètes*, c'est-à-dire la dernière à avoir été revue par Lamartine, ce qui rendra la comparaison des deux versions moins difficile aux érudits qui s'y intéressent. Elle présente plus de trois cents variantes (pour 2.679 vers) par rapport à l'édition de 1850[3].

---

[3] Pour plus de détail, voir ci-dessous p. XLII «Le texte de *Toussaint Louverture*». En ce qui concerne les manuscrits de *Toussaint Louverture* on consultera, outre Marius-François Guyard, Charles Joatton, «Lamartine auteur dramatique: les avatars du texte de *Toussaint Louverture*», in *Centenaire de la mort d'Alphonse de Lamartine, Actes du Congrès III*, 2 au 5 mai 1969, Comité permanent d'études lamartiniennes, Mâcon, s.d. [1969], pp. 127-135.

II: Histoire de l'œuvre

Dans la préface à l'édition originale, Lamartine résume l'histoire et les malheurs de son texte:

> A cette époque [1840] [...] J'écrivis, en quelques semaines de loisir à la campagne, non la tragédie, non le drame, mais le poëme dramatique et populaire de Toussaint Louverture. Je ne destinais nullement cette faible ébauche au Théâtre-Français, je la destinais à un théâtre mélodramatique du boulevard.
> Diverses circonstances et diverses questions plus urgentes de politique me firent perdre de vue cette composition ébauchée [et] m'absorbèrent tout entier de 1839 à 1842.
> Dans un voyage que je fis à cette époque aux Pyrénées, je perdis une partie de mes papiers. *Toussaint Louverture* était du nombre de ces manuscrits égarés [...] Quelques années après, mon caviste le retrouva dans ma cave servant de bourre à un panier de vin de Jurançon [...] Je ne le relus pas et je le jetais dans l'immense rebut de mes vers [...]
> Mais après la république, un libraire intelligent et inventif (M. Michel Lévy) voulut bien m'offrir d'acquérir un volume de drame enfoui dans mes portefeuilles: j'acceptai avec reconnaissance ses conditions. [...]
> M. Michel Lévy avait le droit de faire représenter mon drame; je regrettai qu'il en fît usage, mais je devais subir cet inconvénient de la publicité...[4].

Ce n'est pas exactement ainsi que se passèrent les choses, comme l'a montré Charles Joatton[5]. D'après une lettre de Lamartine à Virieu du 4 août 1839, le poète venait d'entreprendre «une tragédie moderne qui le ravit» intitulée d'abord simplement *Les Noirs*, puis *Haïti et les Noirs*. Le titre définitif apparaît dans un article du *Journal de Saône-et-Loire* du 15 juillet 1840 annonçant que: «quatre actes de la pièce sont entièrement terminés»[6]. Le mois suivant, dans *La Variété* d'août 1840, Leconte de Lisle suppose que la pièce allait être «le complément des opinions émancipatrices proclamées par l'auteur» lequel, ajoute-t-il, a déjà par ses discours anti-esclavagistes

---

4 *Œuvres complètes*, Paris, l'auteur, M DCCC LXIII, pp. 6-8.

5 Charles Joatton, «Lamartine et l'esclavage; la genèse et le sens de *Toussaint Louverture*», *Annales de l'Académie de Mâcon*, 3e série, XLVIII, 1966-1967, pp. 94-112.

6 Cité par Henri Guillemin, *op. cit.*, Paris, Boivin, 1940, p. 153.

> trop profondément prouvé son entière ignorance du véritable état de l'esclavage dans nos colonies, pour faire naître une conviction quelconque de son côté[7].

À l'origine, et contrairement à ce qu'il affirme, Lamartine semble bien avoir destiné sa pièce au Théâtre-Français. En tout cas, elle y fut mise à la lecture dès 1840. La célèbre Rachel, qui n'avait alors que vingt ans, avait accepté le rôle d'Adrienne, nièce de Toussaint. Mais l'actrice renonça, ostensiblement pour raisons de santé. D'après P. Durand dans *Le Siècle* du 12 décembre, elle se désista en réalité parce que son père M. Félix refusait de la laisser se produire grimée en négresse. Quoi qu'il en soit, les choses traînèrent jusqu'en mars 1842, date à laquelle Lamartine retira sa pièce.

En prétendant ne plus avoir songé à faire représenter *Toussaint Louverture* avant que Michel Lévy ne l'y ait obligé, il est très probable que Lamartine fait entorse à la vérité. En effet, quatre lettres manuscrites offertes en vente en 1993 par un libraire de Reugny nous apprennent que la Comtesse de Ramfaut, à la demande du fils de Toussaint Louverture Isaac (qui est représenté enfant dans la pièce) et de sa femme (la propre nièce de Toussaint), écrivit le 17 janvier 1843 au Prince de Rohan, président de l'Institut d'Afrique créé l'année précédente, et quatre jours plus tard à l'historien Hippolyte Daniel de Saint Anthoine, secrétaire-général du même institut[8], pour leur demander d'intervenir auprès de Lamartine afin qu'il empêche «dans l'intérêt de la France, comme dans celui des habitants de St. Domingue [...] la mise en scène d'une tragédie si pénible pour M. et Mme Louverture». L'initiative de la comtesse de Ramfaut aboutit, puisque Lamartine écrivit le 21 février à Monsieur de Saint Anthoine: «J'ai renoncé à la faire représenter de longtemps». Isaac Louverture remercia Monsieur de Saint Anthoine le 25 février: «Madame Louverture et moi nous nous empressons de vous remercier des démarches que vous avez faites en notre faveur auprès de cet illustre et Grand Poëte.»

Qu'est-ce qui avait, en janvier 1843, causé l'inquiétude du descendant de Toussaint? Des rumeurs de projets de représentation lui étaient peut-être parvenues. Ou bien avait-il appris que la *Revue des deux mondes* allait publier un extrait du manuscrit, *Les Esclaves*, dans son numéro du 1er mars 1843? En tout cas, la pièce ne fut jamais représentée

---

7 In *Articles, Préfaces, Discours*, éd. Edgar Pich, Paris, Les Belles Lettres, 1971, p. 57. Créole réunionnais, Leconte de Lisle deviendra bientôt lui-même partisan de l'abolition.

8 J. Hippolyte Daniel de Saint Anthoine collaborait aux *Annales de l'Institut d'Afrique*. Il est l'auteur, entre autres, d'une *Notice sur Toussaint Louverture* (en 1842) et l'éditeur de *Lettres inédites de Toussaint Louverture* (en 1856).

avant le 6 avril 1850, c'est-à-dire dix ans après que Lamartine en ait eu composé la version originale. Entre temps, selon J. T., qui en rendit compte dans *L'Union* du 6 avril 1850:

> Ce drame [...] a eu le temps de rancir dans le portefeuille de l'auteur, et n'en est sorti qu'à de rares et longs intervalles, pour quelques lectures de salon.

Que Lamartine, qui écrit dans la préface de la pièce: «Je ne me dissimule aucune de ses nombreuses imperfections» ait, comme il l'assure à Monsieur de Saint Anthoine, renoncé à la faire représenter de longtemps n'est pas impossible. Tout comme il est probable que seules les difficultés matérielles dans lesquelles il se débattait et qui allaient le poursuivre jusqu'à sa mort avaient été déterminantes dans sa décision de céder les droits de publication et de représentation à Michel Lévy, ou plus exactement à MM. Michel Lévy frères, par contrat du 30 décembre 1848, prévoyant l'obligation pour l'auteur de lui composer une préface. La cession avait été conclue pour 30.000 francs

> 10.000 en deux billets de cinq mille francs, payables l'un le 28 février, l'autre le 15 avril 1849; 10.000 à la remise du manuscrit; et enfin 10.000 francs éventuels, que Lamartine ne touchera jamais...[9].

Les ennemis politiques ou personnels de Lamartine ne semblent guère avoir apprécié que la plume du poète lui ait rapporté quelque argent. L'anonyme bête et méchant qui rend compte de la pièce pour *La Chronique de Paris* de mai 1850 n'hésite pas à écrire que Lamartine «a vendu pour quelques 1.000 francs les avortements honteux de sa pensée et les secrets intimes de sa jeunesse». Plus spirituel mais tout aussi malveillant, Rossini constate: «Sa lyre s'est transformée en tirelire». L'une des caricatures de *Toussaint sale figure*, de Cham, montre le poète entrant chez Michel Lévy, éditeur, traînant par un licou Toussaint Louverture en grand uniforme. La légende en est: «M. Lamartine en contradiction avec lui-même: Abolissant l'esclavage en 1848 - Vendant le nègre Toussaint en 1850[10]».

---

9 Pour tout ce qui a trait aux contrats intéressant *Toussaint Louverture*, et aux recettes de chaque représentation, on consultera de Francis Dumont et Jean Gitan *De quoi vivait Lamartine*, Paris, Éd. des Deux-Rives, 1952, pp. 117-123.

10 Resté célèbre pour la vulgarité de ses caricatures racistes, le dessinateur Cham s'appelait en réalité Amédée Charles Henry de Noé (Cham étant, comme on le sait le nom d'un des fils du Noé de la Bible). Son grand-père avait été le propriétaire de l'habitation Bréda, où nacquit Toussaint Louverture.

Par contrat du 5 décembre 1849, Michel Lévy vend à son tour pour deux ans à Charles Fournier, directeur du Théâtre de la Porte Saint-Martin, le droit de représentation de *Toussaint Louverture*. Le contrat stipulait que le rôle principal ne pourrait être confié qu'à Frédérick Lemaître, l'idole des théâtres de boulevard. Le grand acteur s'était déjà noirci le teint en 1846 pour jouer, dans la même salle, le personnage éponyme du *Docteur noir*, drame en sept actes d'Anicet Bourgeois et Dumanoir. Il remporta un grand succès et la pièce tint l'affiche pendant plusieurs mois. Mais le texte que Michel Lévy avait acheté exigeait des remaniements avant de pouvoir être porté à la scène:

> Il fallait ajouter à *Toussaint-Louverture* quelques tableaux, corser l'intrigue, supprimer des longueurs et raccorder les scènes, surtout modifier un acte qui, trop dénué de vergogne, se passait dans une prison de filles publiques. Lamartine lui-même, avec sa prodigieuse fécondité, accomplit le principal de la besogne[11].

En décembre 1849, deux jeunes amis du poète, Henry de Lacretelle et Hippolyte Boussin, allèrent passer une semaine à Monceaux afin de l'aider à faire les adaptations nécessaires. Ils furent rejoints par Frédérick Lemaître et son fils Charles, accompagnés de Mirès, le commanditaire du *Conseiller du peuple*, journal que rédigeait alors Lamartine. Toujours d'après Planhol, Lacretelle et Boussin se chargèrent des remaniements de détail[12], tandis que le poète récrivait en partie le quatrième acte d'après un canevas établi par Frédérick Lemaître: «Lemaître fit l'action du quatrième acte, et Lamartine les vers», écrit Charles Alexandre. Ce quatrième acte étant, de l'avis général, médiocre et d'ailleurs inutile, fut purement et simplement éliminé à partir de la deuxième représentation. On en a attribué la paternité et la responsabilité à Frédérick Lemaître, au grand déplaisir de son biographe Louis-Henry Lecomte qui, en 1888, a publié pour la première fois le quatrième acte primitif de Lamartine, afin de montrer que l'acteur avait en fait amélioré la version du poète[13].

Du 6 avril à la fin mai, *Toussaint Louverture* a été joué vingt-sept fois et, à ma connaissance, n'a jamais été représenté depuis... du moins en

---

11 René de Planhol, «La Première de *Toussaint Louverture*», *La Minerve française*, vol. 58, 1er avril 1920.

12 Charles Alexandre affirme de son côté que: «Des vers du deuxième acte sont de ces disciples», «Souvenirs de Lamartine. *Toussaint Louverture*», *Annales de l'Académie de Mâcon*, t. III, 2e série, 1881.

13 Louis-Henry Lecomte, *Frédérick Lemaitre, étude biographique et critique*, Paris, l'auteur, 1888, pp. 139-145.

France. Car *L'Aurore*, journal de la ville haïtienne des Cayes informe le 5 janvier 1904 qu'à l'occasion du premier centenaire de l'indépendance nationale:

> Sur la Place d'Armes, un kiosque, grand et beau de forme, richement enguirlandé, recevait les acteurs qui offraient au public le plaisir d'entendre les beaux vers de Lamartine dans la tragédie de *Toussaint Louverture*.

Cinquante ans plus tard *Conjonction*, revue de l'Institut français d'Haïti, signale dans son numéro d'avril 1954 la première représentation, sur la scène de l'Institut, de *Toussaint Louverture*, «cette impartiale exaltation des mérites du précurseur de l'Indépendance haïtienne» le mardi 6 avril, jour anniversaire de la première de la pièce à Paris. Selon *Conjonction:* «ses qualités l'emportent de beaucoup sur des défauts bien plus sensibles à la lecture qu'à la représentation.»

III: La Première Représentation

Les répétitions commencèrent dès le début de l'année. Lia Félix, la propre sœur de Rachel, fit ses débuts dans le rôle d'Adrienne: cette fois, le père ne s'était apparemment pas opposé à ce que sa fille cadette se grime en négresse. Lamartine fit le voyage de Monceaux et assista à une répétition, qui ne l'encouragea guère: «Je me suis prodigieusement ennuyé, déclara-t-il, ce sera une chute grandiose»[14].

Si le député Lamartine avait perdu pratiquement toute influence depuis son échec écrasant à l'élection présidentielle du 10 décembre 1848, le poète continuait à jouir d'une grande célébrité. Et d'ailleurs, comme le rappelle Frédérick Lemaître:

> Le nom de Lamartine [était] demeuré le symbole de l'intégrité et du désintéressement [...] Un drame de Lamartine, à cette époque, devait donc paraître aux imaginations altérées de grandes choses un éblouissement au milieu de cette nuit de tourmente[15].

Plus d'un mois avant la première représentation, deux mille places avaient été retenues. Les revendeurs de billets réalisèrent de mirifiques

---

14 Cité par René de Planhol, *op. cit.*, p. 40.

15 Frédérick Lemaître, *Souvenirs de Frédérick Lemaître publiés par son fils*, Paris, Ollendorff, 1880, p. 297.

bénéfices. Edmond Biré raconte qu'après avoir longtemps fait la queue, il dut se contenter d'une place au poulailler, parmi les ouvriers du faubourg[16]. Le soir du 6 avril, la salle était bondée. Le prince-président Louis Napoléon et son cousin Jérôme étaient dans l'assistance, ainsi que l'ambassadeur d'Angleterre et François Arago, deux ans plus tôt collègue de Lamartine au gouvernement provisoire, qui avait puissamment contribué, en tant que ministre de la Guerre et de la Marine, à faire abolir l'esclavage.

D'après Auguste Lireux dans *Le Constitutionnel* du 8 avril, au lever du rideau: «triomphe du décorateur! Les transports éclatent à trois reprises; l'immense salle se pâme...»[17]. Plusieurs autres critiques félicitent eux aussi les décorateurs Nolan et Martin Rubé. Plusieurs, mais pas tous: Théodore de Banville trouve, dans *Le Dix-décembre* du 9 avril, qu'il

> aurait dû [...] ne pas étouffer l'œuvre qu'il adoptait sous un luxe intolérable d'étoffes, de toiles peintes, de drapeaux, de transparents, et de décors...

La partition musicale, due à Ernest Boulanger, reçut également des compliments. Plusieurs critiques qui se montrèrent bienveillants envers Lia Félix jugèrent par contre sévèrement la prestation du grand Frédérick Lemaître. Dans *La Patrie* du 8 avril, par exemple, Jules Pemaray écrit que du célèbre acteur «on n'entendait pas un vers sur vingt, et il se livrait à des contorsions hors nature, quoique très applaudies par les frénétiques». Théophile Gautier confirme dans *La Presse* du même jour: «Il est à regretter qu'il laisse tomber trop souvent la fin des vers». Certes, ces critiques réactionnaires en voulaient au farouche républicain Frédérick Lemaître. Mais aussi, selon Edmond Biré:

> il n'était plus que l'ombre de lui-même. Celui qui avait été le Talma du drame [...] n'avait plus sa beauté superbe, sa voix tour à tour tragique ou mordante; il laissait maintenant tomber les fins de vers, - des vers de Lamartine! Seuls lui demeuraient l'éclat des yeux et l'admirable justesse du geste; mais rien qu'avec ces deux restes de génie, il parvint à soulever, à plus d'un moment, des transports d'enthousiasme[18].

---

16 Edmond Biré, *Mes Souvenirs 1846-1870*, Paris, Lamarre, 1908, p. 155.

17 C. Hermann Middelanis a étudié la réaction de la presse dans «L'actualité de *Toussaint Louverture* en 1850», publié à Port-au-Prince en 1995. On consultera également les pages qu'il consacre à la pièce dans *Imperialen Gegenwelten. Haiti in den französischen Text- und Bildmedien,* Frankfurt am Main, Vervuert, 1996.

18 Edmond Biré, *op. cit.*, p. 156.

D'autres furent plus indulgents. Pour Théodore de Banville:

> Même au moment où il s'agite dans le vide et où le poète a oublié l'action pour suivre son rêve, Frédérick fait croire à une tragédie puissante [...] Frédérick est l'homme des victoires impossibles...

Auguste Vacquerie, dans *L'Événement*, est tout aussi élogieux:

> Jamais peut-être l'acteur suprême n'a dépensé plus de génie que dans cette création impossible, ayant à dire à chaque moment des discours et des monologues interminables dans la bouche d'un autre...

En félicitant l'acteur de l'avoir si bien servi, sans doute Banville et Vacquerie voulaient-ils souligner leur piètre opinion du texte. Quoi qu'il en soit, Lamartine imputa le succès de la pièce à Frédérick et rendit hommage à son talent, non seulement dans la Préface, comme le veut l'usage mais, huit jours après la première, dans une lettre à Monsieur Aubel où il qualifie *Toussaint Louverture* de «dramaturgie pour les yeux du peuple [qui] réussit grâce au talent de l'acteur et malgré moi»[19]. Il avait pourtant déclaré, le lendemain de la première:

> À la place de ce public je me serais en allé d'ennui au second acte. Les acteurs ont été, et surtout Frédérick Lemaître, dans le faux, dans le plat, presque d'un bout à l'autre. C'était effroyable de contre-sens. J'étais indigné.

Il rectifie cependant, après avoir lu les journaux du matin dans l'ensemble favorables: «Je me suis trompé dans mes impressions [...] somme toute c'est un immense triomphe...»[20].

«Immense triomphe», c'est beaucoup dire. Certes, le public se montra plus chaleureux que les critiques et, le rideau tombé (après six heures de représentation) réclama l'auteur jusqu'à deux heures du matin. Soit par modestie soit mécontent de lui-même et des acteurs, Lamartine refusa de se montrer. Il y a une autre explication possible à sa réticence: à la scène iv de l'acte III, comme le rapporte parmi beaucoup d'autres A. V. dans *L'Événement* du 9 avril:

---

19 *Correspondance* publiée par Mme Valentine de Lamartine, Paris, P. Hachette et Furne et Jouvet, 1875, vol. 6, p. 378.

20 Cité par Francis Dumont et Jean Gitan, *op. cit.*, p. 122.

> Un noir, à qui l'on vante Bonaparte, réplique avec dédain: *Bonaparte est un blanc!* Cet hémistiche a été applaudi par la salle avec un élan qui mesure les pas qu'a faits l'élu du 10 décembre au rebours de la popularité.

À l'époque favorable à son ancien adversaire le prince-président (lequel lui avait offert la présidence du Conseil, qu'il refusa), en qui il voyait l'ennemi de ces légitimistes qu'il abhorrait, peut-être Lamartine fut-il embarrassé par l'interprétation que des spectateurs républicains avaient donnée à sa réplique[21]. D'ailleurs, applaudie par ces mêmes spectateurs, la *Marseillaise* que chantent les enfants noirs au lever du rideau indisposa les critiques légitimistes hantés par le souvenir de 89. Jules de Pemayray prétend, dans *Le Caricaturiste* du 14 avril, avoir entendu un spectateur remarquer à l'entracte: «La Marseillaise noire me parait un peu rouge». Jules Janin avait déjà écrit, dans le *Journal des débats* du 8:

> Noire ou rouge, *la Marseillaise* est toujours *la Marseillaise*! La caque sent toujours le hareng, la chanson populaire a toujours un arrière petit goût d'échafaud!

Personne ne se moqua à l'époque de cette nouvelle version de l'hymne national, qui risque aujourd'hui de nous sembler bien mièvre. Pour Jack Corzani, il est vrai, la *Marseillaise* de Lamartine est «"négrifiée", haïtianisée (en vers de mirliton, certes, mais pas plus ridicules que les paroles originales...)»[22].

Quoi qu'il en soit, les critiques sans distinction d'orientation politique sont pratiquement unanimes à estimer que, du point de vue strictement théâtral, *Toussaint Louverture* ne passe pas la rampe. Ils l'accusent, non sans justification, d'incohérence, de n'appartenir à aucun genre mais d'en combiner maladroitement plusieurs, pas nécessairement compatibles. Philippe Busoni, par exemple, dans *L'Illustration* du 13 avril:

> L'affiche promet un drame, mais l'affiche est trop modeste. *Toussaint Louverture*, c'est une tragédie et un plaidoyer, une élégie et une satire; c'est l'ode et la méditation, un poëme moderne sur des airs antiques: chaque acte vous représente quelque fragment d'épopée. [...] Jamais

---

21 Sur les allusions que les critiques et caricaturistes ont faites à l'actualité politique française du moment à propos de la pièce de Lamartine, on consultera les travaux déjà cités de C. Hermann Middelanis.

22 Jack Corzani, «De l'aliénation révolutionnaire: À propos de *L'Adieu à la Marseillaise*, de J. Brierre», in *Mourir pour les Antilles - Indépendance nègre ou esclavage (1802-1804)*, s.l.d. de Michel L. Martin et Alain Yacou, Paris, Éd. Caribéennes, 1991, p. 51.

> poésie plus enivrante n'avait été soupirée par l'âme du poëte, mais en même temps jamais drame ne fut manqué plus résolument.

Plus acerbe, le critique anonyme du *Charivari* écrit le 8 avril:

> ...il est difficile de trouver un mélodrame de l'Ambigu plus confus, plus incohérent, un mimodrame du Cirque plus bruyant, plus vide que cette histoire du Napoléon noir.

Dans la *Revue des deux mondes* du 15 avril, Gustave Planche se plaint de ce que:

> Le premier acte du drame nouveau est conçu comme le début d'un opéra. [...] Le troisième acte repose tout entier sur cette mesquine invention [le déguisement de Toussaint], qui semble empruntée au répertoire de l'Opéra-comique.

On pourrait accumuler les exemples. Lamartine lui-même semble hésiter à ranger sa pièce dans un genre bien défini. Le 4 août 1839, il écrit à Virieu qu'il médite une «délicieuse tragédie moderne»[23], et c'est bien «Tragédie moderne» que le manuscrit porte en sous-titre; la pré-originale de la *Revue des deux mondes* de 1843 se présente comme fragment d'une «Tragédie»; une fois publié, le texte est identifié comme «poëme dramatique»; dans la préface, Lamartine présente «non la tragédie, non le drame, mais le poëme dramatique et populaire *Toussaint Louverture*»; dans la lettre à M. Aubel déjà citée, l'auteur écrit: «Vous avez raison de ne pas regarder *Toussaint* comme un drame pour l'esprit, c'est une dramaturgie pour les yeux du peuple». Dans l'édition que nous reproduisons, la pièce est un «drame en cinq actes et en vers». Même Charles Joatton, l'apologiste de Lamartine, convient de ce que l'ouvrage «tient à la fois du drame, du mélodrame, de l'opéra, du poème lyrique et de la pièce à thèse»[24].

Tragédie, drame poétique ou dramaturgie pour les yeux du peuple, ce qui manque à Toussaint Louverture, selon Calixte Ermel (pseudonyme d'Armand de Pontmartin) dans *L'Opinion publique* du 9 avril:

> ...ce n'est pas la poésie, ce n'est pas la couleur, ce n'est pas l'alexandrin ample et éclatant [...], ce n'est pas la beauté pittoresque des descriptions

---

23 Dans une lettre du même jour à Édouard de la Grange, publiée dans le *Répertoire de la Correspondance de Lamartine (1807-1829)*, il la qualifie encore de «délicieuse tragédie».

24 Charles Joatton: «Lamartine, auteur dramatique», p. 105.

> et des images, ce ne sont même pas les sentiments humains et vrais perçant ça et là [...], c'est le mouvement et la vie dramatique.

«[C'est] une belle effusion lyrique, le récit pathétique des angoisses d'un généreux esprit, la confession ardente des doutes d'un cœur ardent. Mais ce n'est pas un drame [...]. M. de Lamartine n'est pas un poète dramatique», confirme son collègue de *L'Événement*. Théodore de Banville arrive à la même conclusion: «M. de Lamartine a toutes les qualités poétiques qui empêchent un écrivain de faire un bon drame.»

Pratiquement tous les critiques reconnaissent par contre la beauté des vers de Lamartine. À quelques exceptions près: dans *La Démocratie pacifique* du 16 avril Antony Méray exprime quelque réticence:

> Au milieu de ces beaux vers d'idylle [...] et de ces accents dramatiques qui font tressaillir [...], on trouve de vieux vers du siècle de la Restauration, contournés, chargés d'épithètes inutiles et d'inversions passées de mode.

Et pour Gustave Planche:

> La profusion des images masque trop souvent l'indigence de la pensée et ne réussit pourtant pas à la cacher complètement.

On sait qu'à l'époque les pièces à succès, surtout d'auteurs connus, étaient fréquemment parodiées. Ce fut le cas de *Toussaint Louverture*: Eugène Labiche et Charles Varin composèrent *Traversin et Couverture*, «parodie en quatre actes» jouée une dizaine de fois à partir du 26 avril au Théâtre Montansier[25]. Une autre parodie, probablement de Coquenard fils intitulée *Tout-Serin-la-Clôture* fut jouée (et sifflée) une seule fois, le 29 avril, aux Variétés. Elle n'eut pas les honneurs de l'impression.

IV: Histoire et Imagination

La pièce de Lamartine est centrée sur un événement historique précis. L'histoire nous apprend qu'en 1802, Dominique Toussaint Bréda, dit Louverture, ancien esclave émancipé par son maître une dizaine d'années plus tôt, exerçait à Saint-Domingue le pouvoir absolu, au nom de la

---

[25] Théodore de Banville démolit la pièce dans son compte-rendu pour le *Dix-décembre* du 29. Michael Issacharoff lui consacre un article, «Labiche et l'intertextualité comique», dans les *Cahiers de l'AIEF* de mai 1983.

République française. Jadis chef des esclaves luttant pour l'émancipation et des hommes de couleur libres réclamant l'égalité des droits avec les Blancs de la colonie, Toussaint Louverture s'était rallié à la France après que les représentants de la métropole eurent accepté d'abolir l'esclavage dans la colonie. Ses troupes avaient défait et refoulé les envahisseurs espagnols et anglais. Il encourageait les colons qui avaient fui l'île à revenir exploiter leurs plantations. Mais il était devenu évident qu'il gouvernait sans se soucier de la métropole: s'étant auto-proclamé Gouverneur général à vie, il n'hésitait pas à signer des traités de commerce avec des puissances étrangères sans même consulter son ministre de tutelle.

Pour le Premier Consul, qui projetait de fonder un empire en Amérique du nord, il était indispensable que Saint-Domingue retombe sous l'autorité du gouvernement central. À cette fin, il y envoya le général Leclerc à la tête d'un corps expéditionnaire de quarante mille hommes rétablir l'autorité de Paris et, par la même occasion, l'esclavage. L'opération semble réussir dans un premier temps: les premières troupes débarquent à la fin janvier, et à la fin mars, la résistance désespérée des troupes de Toussaint est brisée et la pacification pratiquement achevée.

Quoique Toussaint ait fait soumission le 6 mai, et se soit retiré dans sa propriété d'Ennery, Leclerc le soupçonnait de songer à reprendre le combat. Appelé le 7 juin pour consultation et assuré de sauf-conduit, Toussaint fut arrêté par traîtrise et embarqué pour la France sur les ordres secrets du Premier consul. On connaît la suite: les hostilités reprirent, l'héroïsme des Haïtiens et les ravages de la fièvre jaune forcèrent les rares survivants français à capituler en décembre 1803. Dans ses *Mémoires*, Napoléon avouera avoir commis une faute grave en voulant soumettre par la force les Noirs de la colonie: «Ce fut une grande faute, écrit-il dans le *Mémorial*, je devais me contenter de la gouverner par l'intermédiaire de Toussaint» (VI, 12 juin 1816).

Sur la scène, le rideau se lève sur le port de Gonaïves dans les derniers jours de janvier 1802. À la fin du premier acte, l'escadre française est en vue. Toussaint Louverture, qui règne en maître sur la colonie, acceptera-t-il les assurances mensongères de Bonaparte? À la fin du cinquième acte, la perfidie du Premier Consul ayant été dévoilée, Toussaint s'écrie: «Aux armes!» et la guerre commence. Le chroniqueur anonyme de la *Bibliothèque universelle de Genève* n'a donc pas tort de remarquer que la pièce

> commence précisément au moment où finit le premier drame de l'émancipation des Noirs de Saint-Domingue, et s'arrête à l'instant même où commence le second. [...] C'est une espèce d'intermède lyrique destiné à remplir l'entr'acte de l'histoire.

Où Lamartine s'est-il documenté pour composer *Toussaint Louverture* ? Julie Charles, l'Elvire inspiratrice des *Méditations* était une Créole et se trouvait à Saint-Domingue lors du soulèvement des esclaves; il n'est pas impossible qu'elle ait renseigné le poète, mais nous n'en savons rien. D'après la préface, Lamartine a eu communication des «notes méditées» du général Jean-Pierre Ramel, qu'il cite longuement. Ces notes n'ont jamais été publiées et semblent avoir disparu. En outre, plusieurs témoignages avaient paru avant 1840. Lamartine a pu consulter le *Précis historique de la dernière expédition de Saint-Domingue* d'A.P.M. Laujon (1805), les *Mémoires pour servir à l'histoire de la révolution de Saint-Domingue* du général Pamphile de Lacroix (1819-1820), ou l'*Histoire de l'expédition des Français à Saint-Domingue* d'Antoine Métral (1825), pour ne citer que les plus connus. S'il a lu Métral, il a également eu connaissance des *Mémoires d'Isaac, fils de Toussaint-Louverture*, qui y figurent en appendice. Du personnage éponyme, qu'il appelle dans l'*Histoire des Girondins* (1847) «le génie de l'indépendance des noirs [...] un pauvre et vieil esclave: Toussaint-Louverture» (livre X, ch. XI), il a pu en outre parcourir plusieurs biographies comme celle, haineuse, de Dubroca (1802) ou celle, dithyrambique, de Saint-Anthoine (1842). Lamartine a-t-il fait des recherches sérieuses avant 1847, date de publication de son *Histoire des Girondins*, où il évoque l'insurrection des esclaves? À dire vrai, la chose importe peu: l'*Histoire des Girondins*, Yves Bénot l'a bien remarqué, est «d'avantage œuvre de poète que d'historien»[26]. A fortiori, et bien que plusieurs noms de personnes ayant réellement existé figurent dans la distribution, ce n'est pas dans *Toussaint Louverture* que l'on cherchera des renseignements fiables sur les événements historiques évoqués. Ni d'ailleurs, comme l'a signalé Régis Antoine, sur les habitants du pays à part

> quelques négresses de fantaisie, deux sentinelles et quelques officiers noirs: le peuple haïtien est étrangement absent du texte lamartinien[27].

---

[26] Yves Bénot, «Lamartine et la nuit du Bois-Caïman», *Europe*, 66, no. 715-716, nov.-déc. 1988, p. 37.

[27] Régis Antoine, *Les Écrivains français et les Antilles*..., Paris, G. P. Maisonneuve et Larose, 1978, pp. 257-264. Régis Antoine passe en revue les inexactitudes historiques que l'on trouve dans la pièce.

Le critique de la *Bibliothèque universelle de Genève* reproche même à Lamartine de ne pas avoir donné dans la couleur locale, si l'on ose dire, puisque les personnages noirs s'expriment exactement comme s'ils étaient originaires des bords de la Seine:

> L'auteur paraît ne pas s'être le moins du monde inquiété de la couleur de ses personnages, il l'a complètement abandonnée au teinturier du théâtre. Ses personnages, en effet, ont beau avoir la peau noire, ils parlent tous le langage de *Jocelyn* et des *Méditations*.

Sans doute auraient-il dû, pour satisfaire le critique, s'exprimer en petit-nègre. Sur la toponymie, la flore ou la faune de l'île, Lamartine risque de nous induire en erreur. Il n'y a et n'y a jamais eu, par exemple, de volcans à Saint-Domingue, et préciser, au début du cinquième acte, que le morne de la Crête-à-Pierrot a une cime neigeuse est aussi incongru qu'en dire autant de la pyramide de Gizeh.

Est-il besoin de préciser que les enfants haïtiens n'ont jamais chanté de *Marseillaise* noire? Que l'infâme Salvador, parfait traître de mélodrame, qui avait jadis violé puis abandonné la propre sœur de Toussaint Louverture pour reconnaître seize ans plus tard en Adrienne leur enfant grâce à un portrait-médaillon, est un personnage imaginaire? La scène où le père de l'indépendance haïtienne se déguise en mendiant aveugle pour pénétrer dans le quartier-général ennemi et y poignarder le traître Moïse est tout aussi invraisemblable, et frôle le ridicule. Le Père Antoine rappelle sans doute l'abbé Grégoire, mais il serait difficile de prétendre qu'il fut inspiré par l'un des ecclésiastiques dont nous savons que Toussaint Louverture s'entourait:

> Il marche toujours escorté de prêtres, pour lesquels il affecte une grande vénération [...] il avait en dernier lieu trois confesseurs, un prêtre italien, nommé Martini, le curé du Cap, et l'abbé Molière, résidant dans cette ville[28].

Porteur d'une lettre du Premier Consul à leur père, l'abbé Coisnon (ou Coasnon), principal du collège de la Marche, accompagna les fils de Toussaint Louverture à Saint-Domingue. Toussaint eut également pour conseiller le R.P. Corneille Brelle, qui survécut aux guerres de l'Indépendance, couronna Dessalines empereur en 1804, puis Henri-Christophe roi en 1811. Ce dernier le fit murer vif. Toussaint se réclamait

---

28 Louis Dubroca, *La Vie de Toussaint Louverture*, Paris, Dubroca, 1802, pp. 50-51.

hautement de la religion catholique, et observait scrupuleusement ses devoirs religieux. Dans la pièce, il invoque régulièrement la Divinité, et le deuxième acte se déroule dans le cabinet de Toussaint, où l'on voit «un prie-Dieu surmonté d'un crucifix». Mais personne, pas même les principaux intéressés, n'a jamais prétendu que, contrairement à ce qu'on voit dans la pièce, les prêtres dont il faisait sa société eurent la moindre influence sur sa conduite. Que l'un ou l'autre d'entre eux ait servi de modèle au Père Antoine, ce théologien de la libération avant la lettre provoqua l'indignation de critiques réactionnaires tel Pontmarin, qui s'étonne dans *L'Opinion publique* du 9 avril de la présence sur scène «de personnages aussi extravagants que ce moine qui, au nom de l'Évangile, prêche aux Noirs de massacrer les Blancs». Dans le journal de Lamartine *Le Conseiller du peuple* d'avril 1850, Eugène Pelletan explique par contre que le Père Antoine joue le rôle du cœur dans la tragédie grecque, et qu'il est là pour «faire parler l'âme de la divinité».

V: Les Personnages

Outre le héros éponyme, une série de personnages historiques figurent, sous leur nom véritable ou de fantaisie, au générique de *Toussaint Louverture.*

1. *La famille de Toussaint:*

Toussaint eut trois fils, tous trois nés dans le nord de l'île d'Haïti, probablement au Cap-Français: Placide en 1780, Isaac en 1781 et Saint-Jean en 1790.

Saint-Jean fut déporté en France avec les siens et mourut de consomption à Agen en 1803, la même année que son père. Lamartine, qui a retenu le prénom d'Isaac et, curieusement, remplacé celui de Placide par Albert, ne fait pas mention du benjamin.

On a prétendu que Placide était en fait fils du premier lit de Madame Louverture et d'un Mulâtre nommé Séraphin Clerc. Cette affirmation, probablement fausse, s'explique en partie par l'animadversion qui régna entre les deux frères. Dans les *Notes historiques sur l'expédition de Leclerc à Saint-Domingue et sur la famille Louverture* qu'Isaac avait composées vers 1815, il accuse Placide d'avoir usurpé son nom de famille[29]. Après une procédure de plusieurs années, il réussit même à obtenir du tribunal de Bordeaux un arrêté interdisant à son frère (ou demi-frère) d'utiliser Louverture comme nom de famille. Ce qui, bien entendu, ne prouve rien. Dans la pièce, Isaac et Albert sont demi-frères, mais au lieu d'avoir la même mère, ils sont tous deux les fils de Toussaint, lequel

> ... cherchait sur leurs fronts, sous ses larmes amères,
> La ressemblance, hélas! de leurs deux pauvres mères. (III, ix)

Certains intellectuels haïtiens mulâtres revendiquèrent plus tard l'appartenance de Placide à leur ethnotype: qu'il ait pris le parti de Toussaint leur semblait démontrer que, contrairement à ce qu'on avait prétendu, les Mulâtres avaient participé, aussi tôt et aussi vigoureusement que les Noirs, à la lutte pour la Libération.

Quoi qu'il en soit, Placide et Isaac furent envoyés en France en 1796 faire leurs études au collège de la Marche. Ils y restèrent cinq ans, et fréquentèrent peut-être chez Bonaparte et Joséphine. Le Premier Consul les convia à dîner et les renvoya à Saint-Domingue avec le corps expéditionnaire, avec mission de convaincre Toussaint de se soumettre à l'autorité de la métropole. Il est exact qu'ils eurent une entrevue avec leur père. Contrairement à ce qu'on voit dans le drame, ce n'est pas Placide/Albert qui choisit la collaboration et Isaac la fidélité à son père et à ses frères de race, mais le contraire. Placide fit la guerre aux Français comme chef d'escadron dans les dragons «indigènes»; Isaac se retira dans le village d'Ennery avec sa mère (dans la pièce de Lamartine, Toussaint est veuf, «les Blancs ayant fait mourir [sa femme] de faim dans la montagne» (III, ix). Isaac ne prit aucune part aux hostilités; il aurait pu: en 1802 il avait en réalité dix-neuf ans, et n'était plus l'enfant qui porte son nom dans la pièce.

Arrêté par traîtrise, Toussaint fut embarqué pour la France avec sa femme, ses fils et sa nièce Louise Chancy. À leur arrivée en métropole, Toussaint fut immédiatement envoyé dans le Jura y mourir de privations au Fort de Joux. Isaac, Saint-Jean et leur mère furent assignés à résidence, à Bayonne d'abord, puis à Agen. Placide, qui avait combattu les Français, fut interné à Belle-Isle-en-Mer et ne reçut que quelques années plus tard la permission de rejoindre à Agen le reste de la famille.

---

29 Ces *Notes* publiées avec une introduction de J.-R. Marboutin, dans la *Revue de l'Agenais* de mars-avril 1915 n'étaient pas restées jusqu'alors manuscrites, contrairement à ce qu'il affirme: sous le titre *Mémoires d'Isaac, fils de Toussaint-Louverture*, elles avaient été publiées en 1825 en appendice à l'*Histoire de l'expédition [...]* d'Antoine Métral.

Il semble que Toussaint avait souhaité donner comme épouse sa nièce Louise Chancy à Placide, mais que celui-ci s'était dérobé. Les touchantes amours du fils aîné de Toussaint et de sa cousine rebaptisée Adrienne dans le drame de Lamartine sont donc inventées.

Louise Chancy finit par épouser Isaac; et il n'est pas impossible que cette histoire de famille soit à l'origine de l'inimitié entre les deux frères. Isaac et Louise Louverture se fixèrent à Bordeaux, où ils vécurent grâce à une pension du gouvernement français. Ils n'eurent pas d'enfants. Isaac mourut en 1854, sa femme décéda en 1871 de sa belle mort, et non pas à treize ans sous les balles françaises, comme chez Lamartine.

Quant à Placide, il épousa Marie Joséphine de Lacaze, fille d'un noble de l'Agenais. Le couple se fixa dans le village d'Astaffort (Lot-et-Garonne), où l'aîné des Louverture mourut en 1841. Sa femme lui survécut jusqu'en 1878. Ils eurent une fille, Rose[30].

2. *Les généraux haïtiens:*

Déporté tout jeune d'Afrique, neveu par adoption de Toussaint Louverture, Moïse fut un des premiers et des plus valeureux chefs des insurgés. Il s'opposa cependant à Toussaint lorsque celui-ci, en même temps qu'il faisait adopter une constitution qui lui donnait les pleins pouvoirs à vie, refusa de distribuer aux anciens esclaves les terres des colons français. Il se mit à la tête d'une conspiration, fut arrêté, traduit devant un conseil de guerre et passé par les armes en 1801, à la veille du débarquement de l'expédition Leclerc. Mis à part l'anachronisme, Lamartine n'a donc pas eu tort de faire de Moïse un opposant qui n'a cependant pas pu, et pour cause, méditer de collaborer avec le corps expéditionnaire.

Né esclave, Jean-Jacques Dessalines fut, comme Moïse, un des premiers à prendre les armes lors de la révolte des esclaves domingois. Il prit la tête de la résistance aux Français après la capture de Toussaint Louverture et proclama l'indépendance d'Haïti le 1er janvier 1804. Il se fit ensuite couronner empereur et fut abattu en 1806 par des conjurés commandés par Henri Christophe (qui n'apparaît pas dans la pièce de Lamartine) et Alexandre Pétion.

Né à Port-au-Prince d'une mère noire et d'un artisan français, Alexandre Pétion fut éduqué en France, et revint effectivement dans son

---

30 Ces précisions sont tirées de Alfred Nemours, *Histoire de la famille et de la descendance de Toussaint Louverture*, Port-au-Prince, Impr. de l'État, 1941.

pays natal comme officier du corps expéditionnaire. Il se rallia aux insurgés, fut élu Président de la République en 1808 et mourut en 1818.

3. *Les Français:*

Pauline Bonaparte, sœur cadette de Napoléon, s'embarqua en décembre 1801 pour Saint-Domingue avec le corps expéditionnaire que commandait son mari le général Charles Victor Emmanuel Leclerc. En novembre de l'année suivante, elle revint en France avec le cercueil du général, mort de fièvre jaune. Elle épousa en secondes noces le prince Camille Borghèse et, après une vie mouvementée, mourut à Florence en 1825. Pauline a laissé une solide réputation de légèreté, et pendant les quelques mois passés dans la colonie a très probablement fait le bonheur de plusieurs des officiers de son mari. Mais aucun de ses biographes ne suggère que Pauline ait eu une aventure avec Placide Louverture, ou même, comme dans la pièce de Lamartine, lui ait inspiré un sentiment tendre.

Outre le général Leclerc, plusieurs généraux français donnent leur nom à des personnages de *Toussaint Louverture*. Leur rôle, tout à fait secondaire, est à peine plus que celui de figurant.

Le vicomte Donatien de Rochambeau pris le commandement en chef à la mort de Leclerc. Il se distingua par son manque de diplomatie et sa cruauté. Il se rendit à la flotte anglaise en 1803, et tomba dix ans plus tard à la bataille de Leipzig.

Le général de division comte Jean Boudet s'empara de la Crête-à-Pierrot, où il fut blessé. Évacué sur la Guadeloupe, il participa à son retour en Europe à plusieurs campagnes jusqu'à ce que, malade, il prenne sa retraite et meure bientôt après, en 1809.

Après la capitulation du corps expéditionnaire, le général Jean-Louis Ferrant continua à commander dans la partie orientale de l'île (ci-devant colonie espagnole de Santo Domingo), et résista victorieusement à Dessalines lorsque celui-ci voulu l'occuper. Mais en 1808, à l'annonce de l'occupation de l'Espagne par Napoléon et de l'abdication forcée de Ferdinand VII en faveur de Joseph Bonaparte, les Créoles dominicains indignés se soulevèrent et massacrèrent la garnison française et son chef.

Le général baron Philibert Fressinet, ayant hautement désapprouvé l'arrestation de Toussaint Louverture, fut renvoyé en France, où il resta en disgrâce pendant cinq ans. Réintégré dans les cadres, il guerroya dans toute l'Europe, s'exila un temps en Amérique du sud après Waterloo, et revint mourir en France en 1820.

VI: *Toussaint Louverture*, ou la provocation sur la scène

La révolution haïtienne et son premier chef étaient-ils sujets de littérature autour de 1850? Guère. La révolte des esclaves qui brûlèrent les plantations du nord de l'île et torturèrent et tuèrent bon nombre de Blancs en 1791 avait provoqué l'indignation, même parmi les abolitionnistes: «Qui oserait encore plaider la cause des noirs après les crimes qu'ils ont commis?» se demande Chateaubriand en 1802 dans *Le Génie du Christianisme* (livre IV, chapitre vii). Ces crimes (mais bien entendu pas ceux des Blancs) furent abondamment illustrés et exagérés par des folliculaires à la solde des colons. La censure impériale fit ensuite faire le silence sur la défaite infligée aux armées de Napoléon et les quarante mille soldats français qui en payèrent le prix. Sous la Restauration puis la Monarchie de Juillet le ressentiment s'apaise quelque peu; on trouve bien quelques personnages noirs valorisés, mais le plus souvent dans des œuvres ironiques, comme *Tamango* de Mérimée ou *Atar-Gull* d'Eugène Sue. Ceux qui sont originaires d'Haïti plutôt que des Antilles françaises ou d'Afrique sont d'ailleurs l'exception. On a prétendu que Toussaint Louverture a servi de modèle au Bug-Jargal de Victor Hugo, ce qui n'est pas impossible, mais loin d'être sûr[31].

Pour le quart de siècle qui précède la première de *Toussaint Louverture*, j'ai trouvé, représentées sur une scène parisienne, vingt-neuf pièces dans lesquelles un ou plusieurs personnages sont des Noirs; mises à part celle qui nous intéresse et les parodies qu'elle a inspirées, seules deux autres ont Saint-Domingue ou Haïti pour cadre. (Rappelons que pour la période 1831-1850, Wicks et Schweitzer recensent la création de plus de 8.000 œuvres théâtrales[32]). Dans certaines, comme l'adaptation de *Paul et Virginie* de Boulé et Carmon, ou d'*Atar Gull* de Bourgeois et Masson, n'apparaît qu'un seul personnage noir. Dans d'autres, comme *Bugg ou les Javanais*, parodie de *Bug-Jargal* signée Antier, de Coizy et de Flers, ils sont plus nombreux. Plusieurs sont des pièces de circonstance. Une catastrophe telle *Le Tremblement de terre de la Martinique* a inspiré un drame en cinq actes à Lafont et Desnoyers, et un drame en quatre actes à Adolphe Dennery en janvier 1840. L'année précédente, Charles Desnoyer, puis Jouhaud et Thiéry avaient pris pour sujet *Le Naufrage de la Méduse*.

---

31 Félicitant Victor Hugo pour *Notre-Dame de Paris*, Lamartine lui écrit le 1er juillet 1831: «Je n'aimais ni *Han* ni *Bug*, je le confesse; mais je ne vois rien à comparer dans nos temps à *Notre-Dame* (*Correspondance générale 1830-1848*, s.l.d. de Maurice Levaillant, Paris, Droz, 1943, vol. I, p. 166).

32 Charles Beaumont Wicks et Jerome W. Schweitzer, *The Parisian Stage: III (1831-1850)*, University, Alabama, University of Alabama Press, 1961.

La grande majorité des pièces où paraissent des Noirs sont des pièces légères: comédies, vaudevilles, à-propos-vaudevilles, comédies-vaudevilles, folies-vaudevilles, parodies, parodies-blagues, opéras-comiques, etc. Autrement dit, à l'époque et pour longtemps encore, le Noir est un personnage qui inspire le rire, voire la dérision. Avant *Toussaint Louverture* aucun personnage d'origine africaine n'a une dimension tragique sur scène, à part en 1829 *Le More de Venise*, pour lequel Alfred de Vigny avait la caution de Shakespeare; d'ailleurs Joanny, qui tenait le rôle d'Othello sur la scène de la Comédie-Française, portait un maquillage tout au plus bronzé[33].

Sage précaution. Vingt ans plus tard, montrer des Noirs (plus exactement des acteurs grimés en Noirs) exprimer en alexandrins des sentiments héroïques et dénoncer les crimes des Blancs allait indisposer non pas tant le public, puisqu'il fit bon accueil à *Toussaint Louverture*, mais une bonne partie de la critique. Racisme déplorable, certes, et qu'il n'est pas question d'excuser. Rappelons simplement que c'est sans états d'âme que la majorité des Européens admettaient, avec la science de l'époque, l'infériorité congénitale des Africains et de leurs descendants. Rares étaient ceux comme Lamartine qui acceptaient de passer pour des esprits paradoxaux en la niant. Les sarcasmes d'Auguste Lireux, dans *Le Constitutionnel* du 8 avril, cachent mal sa fureur:

> [Lamartine] nous offre l'image des exercices champêtres, auxquels se livrent les noirs d'Haïti après avoir ravagé les habitations, mis trois fois le feu à la ville du Cap, et exterminé les blancs - souvent même les mulâtres qui avaient le tort de n'être pas assez noirs, presque jusqu'au dernier. Ces noirs, en faveur desquels M. de Lamartine a composé son poème, ont sans doute été bien calomniés. Le spectacle de leurs jeux innocents au premier acte, montre qu'ils n'avaient pas de rancune, et avec quelle bonté de cœur ils oubliaient des excès commis dans le trouble d'un premier affranchissement.

Rappelant que Toussaint Louverture combattit la République française, Lireux en déduit que «sans elle lui et ses noirs auraient-ils d'autre patrie que le Congo? Qu'ils aillent délivrer le Congo!».

---

33 Sur la présence du Noir dans la littérature de l'époque, voir Régis Antoine, *op. cit.*, et Léon-François Hoffmann, *Le Nègre romantique*, Paris, Payot, 1973. Sur la présence de Toussaint Louverture, l'article de J. A. Ferguson, «Le Premier des Noirs: The Nineteenth Century Image of Toussaint Louverture», *Nineteenth Century French Studies*, vol. 15, no. 4, Summer 1987, pp. 394-406.

C'est le sens esthétique de Jules Janin que la pièce a choqué:

> Il nous est permis de regretter que l'illustre poète ait imaginé de nous donner en spectacle ces figures noircies, ces nez épatés, ces grosses lèvres, ces peaux où le soleil se brise, cette nation à part dans la création divine, fille de Dieu et du soleil!
> On ne comprend guère un nègre que dans les tableaux de l'école vénitienne, comme contraste à la blancheur des dames patriciennes!
> La tragédie est française et blanche [...] que nos comédiens en soient réduits à se barbouiller la face [...] voilà ce qui me passe et m'étonnera toujours.

Que des acteurs aient eu à se passer un fond de teint foncé avant d'entrer en scène a semblé d'une drôlerie irrésistible. Témoin la série de caricatures que la chose inspira à Alphonse Dulong dans *L'Illustration* du 20 avril, entre autres. L'une d'elle, qui représente simplement un pot de cirage noir, est intitulée *Le fond de la pièce*[34]. Seul J. G., dans *La Liberté de penser* d'avril 1850 désapprouva ce genre d'inanité:

> Le public français n'admet pas qu'on puisse être noir ou jaune; il est blanc, cela lui suffit; soyez blanc, si vous voulez lui plaire, de peau, s'entend...

Mais sans doute y avait-il un autre inconvénient à faire monter sur scène des Noirs (grimés ou pas): à l'époque, l'éclairage théâtral était encore rudimentaire par rapport à ce qu'il est devenu de nos jours. En l'absence de projecteurs, les figures sombres risquaient de ne pas être mises en relief par la rampe ou les lustres. Théophile Gautier explique:

> *Toussaint Louverture* est la pièce la plus noire que l'on ait encore faite. Excepté le troisième acte, qui se passe dans le camp français, on ne voit sur la scène que nègres, mulâtres, quarterons, métis, griffes et autres variétés de bois d'ébène[35]. Cela est naturel; mais cela produit un étrange effet. Il semble que la rampe n'est pas levée, à regarder tous ces masques qu'aucun rayon n'éclaire.

L'année précédente, Félix Duvert et Auguste-Théodore Lauzanne avaient fait représenter au Théâtre du Vaudeville un à-propos-vaudeville

---

[34] Cham consacra quatorze caricatures à «*Toussaint Sale Figure*, pièce en vers et contre tout ce qui est blanc, mêlée de strophes, d'apostrophes et catastrophes», in *Le Punch à Paris*, 1850, pp. 65-69.

[35] Nul n'ignorait à l'époque que «bois d'ébène» était un euphémisme pour désigner la cargaison des vaisseaux négriers.

en un acte intitulé *La Fin d'une république ou Haïti en 1849*. Tout de suite après la distribution, le livret comporte un

> AVIS A MESSIEURS LES COMÉDIENS. — Il importe que les personnages noirs aient une teinte uniforme et que cette teinte soit peu foncée; autrement la physionomie des acteurs disparaîtrait complètement.

Cela étant, il n'est plus certain qu'il faille accuser Paul de Musset de racisme primaire pour avoir écrit dans *Le National* du 8 avril:

> Sauf l'inconvénient grave de la couleur noire, qui oblige une troupe nombreuse d'acteurs à cacher leurs traits sous un affreux barbouillage, le sujet de Toussaint-Louverture prête à de fort beaux développements.

Là où le racisme se manifeste par contre sans ambiguïté, c'est dans les généralités que des critiques se sont permis d'avancer à propos de l'homme noir. Paul de Musset, par exemple, en expliquant que Toussaint évoque son enfance avec «le sentiment vague du merveilleux [...] qui frappe et entraîne l'esprit inculte et enfantin du nègre». Ou Théophile Gautier, reprochant à Lamartine de n'avoir «pas fait peut-être [Toussaint] assez cauteleux et prudent, comme le sont toutes les natures sauvages en face d'un péril». Ou encore Édouard Thierry affirmant dans *L'Assemblée nationale* du 15 avril que «Toussaint est fourbe comme Annibal comme toute la race du couchant». Raciste et chauvin (les deux vont facilement de pair), Thierry s'étonne de cet «étrange dessein du poète qui glorifie durant cinq actes le terrible incendie du Cap, le massacre des blancs et les injures de la France». Il n'est pas le seul; à preuve Achille d'Artois, dans *La Mode* du 15 avril:

> Nous l'avouons, nous n'aurions jamais cru que sur une scène *française*, un auteur *français*, devant des spectateurs *français*, pût s'imaginer de faire représenter une pièce aussi *anti-française*.

Charles Bercelièvre s'est surpassé dans l'invective dans un article intitulé «Les noirs valent mieux que les blancs» pour *La Mode* du 15 avril:

> Croirait-on qu'au XIXe siècle, dans un pays qui ne parle que de sa nationalité et de son patriotisme, un homme ait été assez osé pour faire représenter sur un théâtre français, une tragi-comédie noire dans laquelle nos compatriotes sont traités de lâches, de traîtres, de despotes, de gredins, de larrons et autres épithètes plus ou moins gracieuses; dans

> laquelle on entend dire à chaque instant: Mort aux Français! Honte aux Français! Massacrons les Français![36] [...] dans laquelle enfin les nègres sont représentés comme des hommes à part, incompris, des héros, des victimes, des martyrs [...]
> Que *Toussaint-Louverture* ait du succès chez les nègres, nous le comprendrions sans peine; mais que cette œuvre anti-nationale, anti-patriotique, fruit d'un cerveau malade et insensé ait été produite et acceptée sur une scène française, nous ne le comprendrons jamais.

Bercelièvre récidive quinze jours plus tard dans *Le Corsaire*, où il se déchaîne contre «les tirades de cet auteur si justement surnommé M. de la Tartine sur ce sujet antipatriotique [et] ces physionomies noires...». On voudrait croire que ce genre d'élucubration n'est plus qu'un honteux souvenir. Rien n'est moins sûr. Si, nous le verrons, des critiques modernes ont reconnu des mérites à l'idéologie de *Toussaint Louverture*, René de Planhol accuse Lamartine d'«absence de réalisme humain» pour avoir cru

> à l'avènement de la paix et de la liberté. Et cette foi, jamais il ne l'a professée avec autant de fanatisme et de candeur que dans *Toussaint-Louverture*, où ces brigands de nègres sont métamorphosés en champions du droit et de la justice![37].

Et près de la moitié d'un article d'ailleurs sans intérêt d'Henri de La Salle dans le quotidien lyonnais *Écho-Liberté* du 31 janvier 1961 sur «*La Marseillaise des Noirs* de Lamartine», est consacré à affirmer que:

> Notre pays fut de tout temps le champion désintéressé des nobles causes; aussi pouvons-nous mépriser les attaques des [...] tartuffes de l'étranger, qui ne cessent d'accuser notre colonialisme.

Jack Corzani a donc tout à fait raison de rappeler que Lamartine a eu le courage et le mérite de porter sur scène un héros noir et «qui plus est un héros qui avait infligé à la France une défaite que les consciences françaises avaient été longues à digérer»[38] .

---

36 Aucune de ces imprécations ne se trouve dans la pièce.

37 René de Planhol, *op. cit.*, p. 50.

38 Jack Corzani, rubrique «Toussaint Louverture» in *Dictionnaire encyclopédique Désormeaux*, Fort-de-France, Désormeaux, 1993, p. 2.257.

VII: Lamartine et l'abolition de l'esclavage

Lamartine rappelle dans la préface de *Toussaint Louverture* le long combat qu'il avait mené en vain à la Chambre pendant la Monarchie de Juillet pour l'émancipation des esclaves. Devant l'échec constant de ses efforts, il affirme avoir résolu en 1840 de

> populariser cette cause de l'abolition de l'esclavage dans le cœur des peuples, plus impressionnable et plus sensible que le cœur des hommes d'État. J'écrivis [...] *Toussaint Louverture.*

Du point de vue idéologique, si la pièce n'avait été composée que pour pousser à faire abolir l'esclavage, il est certes paradoxal qu'elle n'ait été publiée et représentée que deux ans après que ce soit chose faite. En 1850, même les esprits les plus réactionnaires ne songeaient pas à remettre en cause l'émancipation des esclaves. Cela explique sans doute qu'aucun critique de l'époque n'a relevé cette dimension de l'idéologie lamartinienne.

En fait, dans la pièce comme dans la réalité, c'est d'un double jeu de dupes qu'il s'agit: les Français débarquent en confirmant l'abolition de l'esclavage, mais bien décidés à le rétablir. Toussaint prétend que la liberté individuelle des Noirs est impossible sans l'indépendance du pays, mais Moïse et Mazulime n'ont peut-être pas tort de craindre que c'est plutôt à la dictature qu'il aspire. Mazulime se demande:

> En repoussant les blancs du sol qui nous vit naître,
> N'avons-nous donc ici fait que changer de maître? (I, iv)

Constamment invoqué dans le texte, le concept de liberté recouvre à la fois le statut personnel d'homme libre (plutôt que d'esclave) et le statut politique de pays indépendant (plutôt que de colonie). Et l'on comprend que des critiques, chauvins ou pas, aient pu en 1850 faire grief à Lamartine de célébrer moins l'émancipation des Noirs de la domination des colons que celle d'Haïti de la domination française. Le critique progressiste de *La Liberté de penser* lui reproche même de ne pas avoir montré

> de quelles horreurs l'esclavage était accompagné, dans quelles horreurs [les Noirs] craignaient de retomber s'ils perdaient cette liberté à peine conquise. [...]
> Il fallait commencer l'action plus tôt, en plein esclavage, nous faire voir les noirs sous l'insulte et le mépris des blancs qui ne les considéraient

même pas comme des hommes, sous le fouet sanglant qui déchirait leurs membres. Nous aurions mieux compris alors cette haine indomptable qui divise les deux races.

On ne peut pourtant pas reprocher à Lamartine de s'être désintéressé du sort des esclaves. Contrairement à d'autres (à Victor Hugo, par exemple, qui n'a jamais élevé, ni à la Chambre, ni dans la presse, ni dans ses poèmes, la moindre protestation contre l'esclavage des Noirs, ni plaidé pour leur émancipation dans les colonies françaises[39]), Lamartine milita sous la Restauration à la Société de la morale chrétienne, puis à partir de 1834, avec le duc de Broglie, Tocqueville, Montalembert et plus tard Schœlcher à la Société pour l'abolition de l'esclavage, dont il assura même la présidence. Il prononça cinq discours en faveur de la cause, qu'il réunit dans *La France parlementaire (1834-1851)*: à la Chambre des députés le 22 avril 1835 *Sur l'émancipation des esclaves*, pour discuter le projet de loi relatif au crédit extraordinaire demandé pour le ministère de la marine, afin de renforcer les mesures de sécurité dans les Antilles, par crainte de possibles désordres provoqués par l'abolition de l'esclavage dans les Antilles anglaises; le 25 mai 1836 *Sur les colonies*, où il proteste contre les conclusions de la commission selon lesquelles l'émancipation devra attendre que le temps ait éduqué les esclaves pour la liberté, en d'autres termes la remettant sine die; le 15 février 1838 *Sur l'émancipation des esclaves* où, tout en regrettant qu'elle n'aille pas plus loin, Lamartine appuie la proposition de M. Passy d'affranchir immédiatement les enfants esclaves, et de donner aux adultes la possibilité de se racheter, et deux *Discours sur l'abolition de l'esclavage*, prononcés l'un au banquet offert le 10 février 1840 par la Société française de l'émancipation aux délégués des Sociétés anglaise et américaine, l'autre le 10 mars 1842 au banquet de la Société française de l'émancipation. Antoine Court résume la teneur de ces discours, où Lamartine «répète les mêmes arguments pour lancer le même message»:

argument humanitaire et chrétien [...] tableau pathétique de la condition des esclaves pour éveiller la pitié [...] — argument anti-raciste: «On les peint comme des brutes pour s'excuser de n'en pas faire des hommes» — argument de l'amour-propre national: la Grande-Bretagne a aboli l'esclavage en 1833 [...] — argument économique [...] affranchir les

39 Sur l'attitude de Victor Hugo, voir Léon-François Hoffmann, «Victor Hugo, les Noirs et l'esclavage», *Francofonia*, 31, Aut. 1996, pp. 47-90.

esclaves sera beaucoup moins coûteux que de réprimer des révoltes inévitables...[40].

Il faut remarquer que, par conviction ou par tactique, Lamartine a toujours réclamé la sauvegarde des intérêts des colons et leur indemnisation de la perte des esclaves, suivant le modèle britannique. Il se vante autant d'avoir contribué à obtenir cette indemnisation que d'avoir contribué à la libération des Noirs.

Pour en revenir à *Toussaint Louverture* considéré comme un texte engagé contre l'esclavage, il était certes beaucoup moins pertinent deux ans après l'abolition. Mais il ne faut pas oublier la publication du fragment *Les Esclaves* dans la *Revue des deux mondes* du 1er mars 1843, c'est-à-dire cinq ans avant que le problème ne soit réglé, et à une époque où il n'était aucunement certain qu'il le soit prochainement. Or les cent trente-deux vers des *Esclaves*, (tous conservés pratiquement tels quels dans l'édition originale[41]), illustrent, et de façon virulente, les deux premiers arguments dégagés par Antoine Court. Toussaint s'adresse aux Noirs, et commence par une description pathétique de la condition des esclaves:

> Le fouet et le bambou marqués sur votre peau
> Les alimens souillés, vils rebuts du troupeau;
> Vos enfans nus suçant des mamelles séchées,
> Aux mères, aux époux, les vierges arrachées [...]
> Sans épouse et sans fils vos vils accouplemens,
> Et le sol refusé même à vos ossemens,
> Pour que le noir, partout proscrit et solitaire,
> Fût sans frère au soleil et sans dieu sur la terre.

Il développe ensuite le thème de l'égalité du Noir et du Blanc, illustré par l'apologue des deux cadavres, celui de l'esclave et celui du maître, impossible à distinguer l'un de l'autre dès qu'un charognard les a dépouillés de leur peau.

---

40 Antoine Court, «Lamartine et Césaire, deux regards sur Toussaint Louverture», *Œuvres et critiques*, XIX, 2, 1994, pp. 267-280. Voir surtout Joseph Jurt, «Lamartine et l'émancipation des Noirs», in *Images de l'Africain de l'antiquité au XXe siècle*, s.l.d. de Daniel Droixhe et Klaus H. Kiefer, Bayreuther Beiträge zur Literaturwissenschaft, Frankfurt/Main, Berne, New York, Paris, Peter Lang, 1987, pp. 113-128.

41 La première partie aux deux premières scènes de l'acte V, la deuxième à la huitième scène de l'acte II, avec de rares variantes de détail: «sous le feuillage» pour «dans le feuillage», «que toute âme de noir» pour «que chaque âme de noir» etc. Un bourdon de l'édition de la Pléiade a fait sauter le vers 2.137: «Pourrissant au cachot sur des pailles infectes» .

Il serait donc abusif d'accuser de timidité les protestations de Lamartine contre l'esclavage, qui lui ont d'ailleurs valu quatre-vingt-dix pages de réfutation commanditées par les colons au polygraphe Bernard Adolphe Granier de Cassagnac[42]. L'horreur de cet univers concentrationnaire que fut celui des plantations est à plusieurs reprises rappelée dans *Toussaint Louverture.* Même en chansons: tout de suite après *La Marseillaise des Noirs* que répètent les enfants, les femmes noires évoquent sur le ton moqueur la cruauté de leurs anciennes maîtresses blanches, qui les faisaient fouetter au sang pour la moindre maladresse, ou pour avoir eu le malheur de plaire au maître.

Cela dit, il est vrai que Lamartine a sans doute exagéré son rôle dans la lutte contre l'esclavage. Dans la préface de sa pièce il se donne pour

> l'orateur philosophe et l'exécuteur politique d'un des actes les plus saints et les plus mémorables d'une nation et d'une époque, d'un de ces actes qui font date dans l'histoire d'une race humaine.
> Trois jours après la révolution de Février, je signai la liberté des noirs, l'abolition de l'esclavage et la promesse d'indemnité aux colons.

Auprès de ses correspondants haïtiens, il semble insinuer qu'il est seul responsable de la libération du peuple noir (insinuation quelque peu surprenante lorsqu'on s'adresse à un Haïtien). *La Feuille du commerce* de Port-au-Prince publie le 11 juin 1859 la lettre où il écrit au docteur Louis Audain: «Une de mes œuvres de ma vie publique sur laquelle je reviens avec le plus de bonheur [...] c'est la libération de votre race humaine.» À Exilien Heurtelou, rédacteur en chef du *Progrès* il écrit le 15 juillet 1860: «J'ai dévoué quinze ans de ma parole, de mes écrits, de ma vie à la liberté de la jeune race au milieu de laquelle vous habitez», comme s'il n'avait pratiquement rien fait d'autre entre 1833 et 1848. «Votre race, lui écrit-il le 14 septembre de la même année, a choisi en moi un de ses derniers libérateurs.» Il est vrai qu'Heurtelou avait organisé en Haïti la souscription aux *Œuvres complètes* sur laquelle Lamartine comptait pour survivre, et que le grand homme était bien forcé de faire flèche de tout bois pour encourager les bonnes volontés (lesquelles ne manquèrent d'ailleurs pas: le nom du président de la République, et de tout ce qui comptait dans l'élite du pays figure sur la liste des souscripteurs haïtiens). Il aurait sans doute été élégant de rappeler ceux à qui revient autant et plus qu'à lui le mérite d'avoir fini par faire abolir l'esclavage. Victor Schœlcher, par exemple, dont le rôle fut autrement déterminant. Et s'il est vrai que la

---

42 *De l'émancipation des esclaves: lettres à M. de Lamartine*, Paris, Delloye, 1840.

signature de Lamartine est au bas du décret libérateur, c'est en troisième position, après celles de Dupont (de l'Eure) et de François Arago, et avant celle des neuf autres membres du gouvernement.

Encore une fois, il ne s'agit nullement de mettre en question les convictions anti-esclavagistes de Lamartine. Quant à la séparation de la colonie d'avec la mère patrie, il est moins sûr que le poète l'ait approuvée sans réserve. Certes, sa pièce justifie pleinement le héros éponyme d'avoir voulu l'indépendance d'Haïti. Mais, dans une lettre à Champvans du 26 mai 1844, Lamartine avait nettement pris parti pour

> l'intervention souveraine de la France à Saint-Domingue. La France n'a jamais perdu sa propriété; le traité était un rachat: les conditions n'en étant pas accomplies, nous sommes légitimes[43]. Mais [...], tant que nous n'aurons pas émancipé nos noirs, notre souveraineté d'Haïti est impossible. Les noirs, au nombre de 3.000.000 voudront bien être sujets jamais esclaves d'un pays qui garde des esclaves. [...] Si nous avions émancipé nos colonies, Haïti aujourd'hui tomberait en nos mains[44].

Il est vrai qu'en 1844 Haïti passait par une décourageante période d'anarchie et que, à ceux qui connaissaient mal le pays, le moment pouvait sembler propice pour y rétablir la domination française, par des moyens pacifiques de préférence. Et peut-être Lamartine ne faisait-il miroiter la possibilité d'un retour de l'ancienne colonie dans le giron métropolitain que pour convaincre ses collègues d'abolir l'esclavage dans les Antilles françaises.

En tout cas les Haïtiens avaient une grande admiration pour Lamartine, en partie parce qu'ils voyaient en *Toussaint Louverture* «la justification de la révolution haïtienne et la glorification de notre indépendance politique»[45]. Une grande admiration et une profonde gratitude. Émile Ollivier rapporte que, lors de la levée du corps de Lamartine à Passy: «nous n'étions pas vingt car nous étions dix-neuf, et sur ces dix-neuf il y avait quatre noirs, représentant la légation de la République d'Haïti[46]». Tous les biographes signalent que les diplomates haïtiens firent ensuite le voyage en Bourgogne pour assister à la messe

---

43 On se rappelle qu'en échange de la reconnaissance de son indépendance par la France, Haïti s'était engagée à verser aux anciens colons une indemnité de cent cinquante millions. La dette n'était pas encore entièrement acquittée au moment où Lamartine écrit.

44 *Correspondance*, vol. 6, pp. 112-113.

45 Demesvar Delorme, «Haïti et Monsieur de Lamartine», *L'Avenir* (Cap-Haïtien), 2 juin 1860.

46 Cité par Michel Berveiller, «Lamartine et les Noirs», *Conjonction* (Port-au-Prince), no. 24, déc. 1949, p. 3.

funèbre à Mâcon, puis à l'enterrement dans le caveau familial du cimetière de Saint-Point.

VIII: Lire *Toussaint Louverture* aujourd'hui

Dès la chute du rideau sur sa dernière représentation, *Toussaint Louverture* commence à s'enfoncer dans l'oubli. Les biographes de Lamartine ne mentionnent la pièce qu'en passant, surtout pour signaler la collaboration de Frédérick Lemaître. Critiques et historiens la retiennent comme la seule de ses compositions pour la scène à avoir eu les honneurs de la représentation. Il est exceptionnel de la trouver recensée, a fortiori analysée, dans les ouvrages didactiques, manuels d'histoire littéraire, annales du théâtre ou histoires du romantisme. À tel point que Charles Joatton se demandait en 1967, dans *Lamartine et l'esclavage*:

> D'où vient [...] l'étrange conspiration du silence qui, sur le plan de l'histoire littéraire comme sur celui de l'histoire tout court, a longtemps travaillé — a-t-elle même tout à fait désarmé? — à reléguer dans l'ombre un épisode pourtant glorieux de la carrière de Lamartine? (p. 94).

Puisque des pièces aussi mélodramatiques que l'*Antony* de Dumas, aussi maladroites que le *Chatterton* de Vigny ou aussi déclamatoires que la plupart des pièces de Victor Hugo continuent à être citées et enseignées, on peut en effet juger que *Toussaint Louverture* est victime d'une injustice. Certes, le théâtre est un genre qui vieillit rapidement: à part deux ou trois pièces de Marivaux et de Beaumarchais, que reste-t-il des milliers d'œuvres représentées au XVIIIe siècle? Un peu plus de quatorze mille pièces d'auteurs français ont été jouées pour la première fois entre 1800 et 1850; à part les spécialistes, qui pourrait en citer plus d'une vingtaine? Mais enfin, Lamartine n'est pas un écrivain inconnu, et la critique a longtemps exalté sa poésie, ses romans, ses travaux historiques. Or, même dans les très nombreux travaux d'érudition ou de vulgarisation sur ses opinions politiques, son influence littéraire, son sens de l'exotisme, sa pensée religieuse et sociale, sa versification, *Toussaint Louverture* n'est le plus souvent même pas mentionné. Personne, à commencer par l'auteur, n'a jamais prétendu qu'il s'agit d'un chef d'œuvre, mais si conspiration du silence il y a, c'est sans doute pour d'autres raisons.

La critique, on l'a vu, a rarement félicité Lamartine de la générosité ou de l'élévation de pensée qui caractérisent la pièce; nombreux au contraire ont été les journalistes à l'accuser de manque de patriotisme et de négrophilie naïve pour ne pas dire criminelle. À moins de prétendre que le chauvinisme et le préjugé de la couleur ont disparu en France depuis 1850, il est difficile d'imaginer qu'ils n'ont pas joué un rôle dans l'affaire. Surtout tant que la France possédait un empire colonial (dont de nombreux territoires en Afrique noire), on répugnait à rappeler, que ce soit dans une œuvre d'imagination ou d'histoire, la première victoire d'un peuple colonisé et qui plus est colonisé par les Français: dans *La Révolution française et la fin des colonies*, Yves Bénot s'indigne avec raison du silence systématique fait, encore de nos jours, autour de la Révolution haïtienne; son chapitre *Dans le miroir truqué des historiens* est un véritable réquisitoire contre ces derniers[47]. Aux exemples donnés par Bénot, on pourrait ajouter, entre bien d'autres publications récentes françaises et étrangères, le *Dictionnaire critique de la Révolution française* (Paris, 1988), de Mona Ozouf et François Furet, qui ne consacre pas une seule rubrique à la Révolution haïtienne; pas plus que l'encyclopédique *Penguin Dictionary of Modern History* (Londres & New York, 1994), pour les années 1789-1945. Le répertoire Larousse des *Grandes dates de l'histoire de France*, édition 1993, signale pour 1791: «Troubles à Saint-Domingue. Crise du sucre», et pour 1796: «Toussaint Louverture, lieutenant général de Saint-Domingue» et c'est absolument tout. La compilation allemande *Daten der Weltgeschichte*, de Hellwig et Linne (Munich, 1994), relève bien pour 1794 la fondation à Paris de l'École polytechnique, mais ne dit mot ni de l'abolition de l'esclavage par la Convention ni de la Révolution haïtienne.

On peut remarquer dans cette optique que pour les cent vingt années qui vont de 1850 à 1970, moins de dix études traitent, exclusivement ou en partie, de la pièce de Lamartine. Pour les vingt-cinq années qui suivent, on en relève par contre plus du double. Ce renouveau (pour ne pas dire ce réveil) d'intérêt de la part des critiques est évidemment lié aux problèmes de décolonisation historique et intellectuelle, et de rapports inter raciaux qui préoccupent l'imagination collective contemporaine. C'est en effet son idéologie, bien plus que la possible valeur esthétique du texte, qui intéresse la plupart des analystes, comme le montre le titre de leurs études: *Lamartine et l'émancipation des Noirs* (Joseph Jurt), *Lamartine and the Negro* (Julien Lafontant), *Lamartine et le problème noir* (Roger Mercier), *Assimilation ou lutte des races* (Giselle Brahimi)... À plusieurs reprises la pièce de Lamartine a par ailleurs été mise en regard d'œuvres d'écrivains appartenant au mouvement de la Négritude: Jean Brierre (Jack Corzani),

---

47 Yves Bénot, *La Révolution française et la fin des colonies*, Paris, Éd. La Découverte, 1989.

Aimé Césaire (Antoine Court), Édouard Glissant (Henry Cohen), Édouard Glissant et Bernard Dadié (Peter-Eckhard Knabe).

Sans porter de jugement sur les aspects formels de la pièce, Gisèle Brahimi la considère comme une tragédie, de trois points de vue:

> tragédie du déchirement pour le Noir assimilé [...] tragédie de l'absurde en tant que mise en scène du préjugé raciste qu'elle cherche à dénoncer [...] tragédie de l'inévitable puisqu'elle montre une situation sans autre issue que la lutte armée[48].

Pour Gianni Iotti, le mérite de la pièce consiste en ce que «la dignità tragica sia conferita a personaggi neri i quali, per la prima volta, non fungono da *repoussoir* dei personnagi bianchi[49]». Selon Roger Mercier, l'idéologie lamartinienne est originale parce que dans *Toussaint Louverture*, «le premier rôle ne revenait plus au Blanc condamnant de l'extérieur une injustice, mais aux victimes elles-mêmes, aux Noirs». De plus, ajoute Mercier:

> Par une anticipation prophétique, Lamartine donne ici à Toussaint l'attitude qui sera à notre époque celle des Noirs révolutionnaires [...] reprise par les poètes antillais et africains: la «négritude» n'est plus sentie comme une faiblesse ou une tare, mais revendiquée comme une valeur positive[50].

Autrement dit, E. Freeman le démontre dans son analyse systématique et perspicace de la pièce: «he anticipates by a hundred years [...] many of the views of Césaire, Senghor, Fanon and Sartre[51]». L'un des poètes fondateurs de la Négritude, le président Léopold Sédar Senghor, le confirme:

---

48 Gisèle Brahimi, «Assimilation ou lutte des races: le *Toussaint Louverture* de Lamartine», in *La Période révolutionnaire aux Antilles dans la littérature française (1750-1850)*, Actes du colloque international pluridisciplinaire 26-30 nov. 1986, Fort-de-France, Pointe-à-Pitre, Schoelcher, GRELCA, s.d., p. 92.

49 «la dignité tragique est conférée à des personnages noirs qui, pour la première fois, ne servent pas de repoussoir aux personnages blancs». «*Toussaint Louverture*: la tragedia e la storia», in *Lamartine, Napoli e l'Italia*, Atti del Convegno, Napoli, 1-3 ott. 1990, introd. di George Vallet, Napoli, Guida Ed., 1993, pp. 131-152.

50 Roger Mercier, «Lamartine et le problème noir dans *Toussaint Louverture*», in Comité permanent d'études lamartiniennes, *Centenaire de la mort d'Alphonse de Lamartine, Actes du Congrès III*, Mâcon, s.d. [1969], pp.173-181.

51 «il exprime, un siècle avant eux [...] bien des points de vue de Césaire, Senghor, Fanon et Sartre». «From Raynal's "New Spartacus" to Lamartine's *Toussaint Louverture:* a myth of the black soul in rebellion», in *Myth and its Making in the French Theatre*, s. l. d. de E. Freeman et al., Cambridge, Cambridge University Press, 1988, pp. 136-157.

> Dans son *Toussaint Louverture*, avec une rare lucidité et un sens étonnant de l'avenir, il argumente en faveur de l'égalité des races, stigmatise l'esclavage et répand des idées neuves sur la condition des Noirs. [...] Les idées généreuses de notre écrivain [...] font de lui, à juste titre, le précurseur de la lutte pour la négritude[52].

Précurseur, Lamartine l'a certes été. Il a pressenti, un siècle avant que la chose n'ait été formulée par Aimé Césaire, qu'en la personne de Toussaint, en Haïti, pendant la guerre d'indépendance «la négritude s'est mise debout pour la première fois». Mais, comme l'ont signalé plusieurs critiques, Lamartine a également prévu que la décolonisation politique n'irait pas sans déchirements, et que l'élaboration d'une personnalité autonome devait passer par la décolonisation spirituelle. Son héros adore le dieu des Blancs. À Leclerc qui lui demande s'il hait ou s'il aime les Français, il répond:

> Peut-être il l'ignore lui-même.
> De l'amour à la haine flottant irrésolu
> Son cœur est un abîme où son œil n'a pas lu,
> Où l'amer souvenir d'une vile naissance
> Lutte entre la colère et la reconnaissance. (III, ix)

L'un des fils de Toussaint et la nièce qui lui est plus que fille ont des ascendants dans la race ennemie. Adrienne confie à sa compagne Lucie que:

> Le sang libre des blancs, le sang de l'esclavage,
> Ainsi que dans mon cœur luttent sur mon visage
> Et je sens y revivre, en instincts différents,
> La race de l'esclave et celle des tyrans. (I, ii)

Lorsque Toussaint exprime ses sentiments parfois ambigus envers sa «race», on ne sait pas toujours si c'est à sa famille ou à ses congénères qu'il fait allusion; il se dresse contre la dictature du Premier Consul, mais est prêt à l'exercer sur ses frères d'armes; il comprend, pour l'avoir vaincue en lui-même, la mentalité d'esclave, la peur du maître. Le personnage de son fils Albert est le prototype de ce qu'on appellera quelques années plus tard un «indigène évolué»: éduqué en France, il a

---

52 Léopold Sédar Senghor, «Lamartine, homme de pensée et d'action», in Comité permanent d'études lamartiniennes, *Centenaire de la mort d'Alphonse de Lamartine, Actes du Congrès III,* Mâcon, s.d. [1969], pp. 67-69.

choisi la coopération avec les Français; non seulement par ambition personnelle ou par amour pour la belle Pauline, mais par conviction et, si l'on ose dire, par patriotisme:

> Alliés des Français, être libres comme eux,
> Recevoir des leçons de leurs maîtres fameux [...]
> Pour nous civiliser, empruntés à nos pères;
> Revenir apporter la science à nos frères;
> Déchirer le bandeau de superstition
> Que dépouille à nos yeux la grande nation ... (III, iv)[53].

Il a tort de faire confiance à Bonaparte, qui n'hésite pas à se servir de lui, mais est-il si méprisable de constater:

> Dans l'esclavage abject dont mon sang fut l'emblème,
> Il m'a dit: «Sois l'égal des blancs et de moi-même.»
> Ses sages, respectant en moi l'humanité,
> M'ont appris leur sagesse et leur fraternité!
> Comme un germe futur de quelque grande chose
> Que d'une main soigneuse on plante et l'on arrose [...]
> Le noir civilisé, devenu citoyen,
> Confondra de Toussaint le nom avec le sien. (III, iv)

Albert n'a pas la perspicacité de son père, qui lui explique, à propos de la liberté proposée par Bonaparte:

> Tu vois dans quel esprit le chef des blancs la signe.
> Il la tend en amorce aux noirs de nos climats
> Pour l'enchaîner ailleurs à l'arbre de ses mâts ... (V, vii)

Une fois implantée en Afrique noire, la France recruta des Antillais de couleur pour son administration coloniale.

Ce n'est pas par hasard qu'Albert est amoureux d'une Blanche. Frantz Fanon dénonce ce que Lamartine suggère:

> Je ne veux pas être reconnu comme *Noir*, mais comme *Blanc*. [...]
> En m'aimant, elle [la Blanche] me prouve que je suis digne d'un amour blanc. On m'aime comme un Blanc.
> Je suis un Blanc. [...]
> J'épouse la culture blanche, la beauté blanche, la blancheur blanche[54].

---

53 Je cite cette tirade d'Albert d'après la première édition, où elle est plus concise.

54 Frantz Fanon, *Peau noire masques blancs*, Paris, Seuil, 1952, p. 71.

Lorsqu'Adrienne se plaint de ce qu'«Albert porte joyeux la chaîne» de Pauline Leclerc (III, vi) la chaîne en question est autant celle du complexe d'infériorité que celle de l'amour. La nièce de Toussaint est une amoureuse perspicace: elle comprend que sa rivale, laquelle n'accepte un Noir parmi ses admirateurs que «comme un grain de jais qui relève un collier», triomphe en grande partie grâce au préjugé intériorisé par Albert:

> Quelle place veux-tu que tienne dans son cœur [...]
> Cette petite fille à la peau presque noire [...]
> Lui qui vit au milieu des blanches dont le teint
> Des couleurs de la neige et de l'aube se peint [...]
> Écoute; on dit tout bas, oh! mais on ment, j'espère
> Que ces fils transplantés rougissent de leur père!...
> Que leur orgueil des blancs écoutant les conseils
> Croit en nous méprisant se faire aux blancs pareils! (I, ii)[55].

En fin de compte, Lamartine disait déjà, en nobles alexandrins, ce que dénoncera la prose vengeresse de Fanon.

Les critiques contemporains qui essayent de sauver *Toussaint Louverture* de l'oubli commencent en général par en condamner la facture: «Tenons compte toutefois de la sensibilité du temps, explique Jack Corzani, elle explique beaucoup de faiblesses de ce mélodrame aujourd'hui jugées ridicules...»[56]. «Pour médiocre qu'on puisse la juger, écrit Yves Bénot, [la pièce] n'en trahit pas moins la fascination exercée sur l'écrivain par la grandeur [...] de toute la Résistance noire»[57]. Antoine Court évoque la compréhension du poète «de l'âme noire, compréhension toujours sympathique même quand elle s'exprime de façon maladroite»[58]. Les critiques anglo-saxons, comme W.D. Howarth, sont plus catégoriques:

> *Toussaint Louverture* has a noble theme [...] But the means of dramatic expression are those of the melodrama [...] It is not difficult to imagine the same play written in prose by Pixérécourt [...] *Toussaint Louverture,* considered as an example of poetic drama, is a noble failure[59].

---

55 Ici aussi, je cite l'édition originale, plus percutante.

56 Jack Corzani, «De l'aliénation révolutionnaire», p. 52.

57 Yves Bénot, «Lamartine et la nuit du Bois-Caïman», p. 41.

58 Antoine Court, «Lamartine et Césaire...»., p. 273.

59 «*Toussaint Louverture* traite d'un noble sujet [...] mais ses moyens d'expression théâtrale sont ceux du mélodrame [...] On peut facilement imaginer la même pièce composée en prose par Pixérécourt [...] En tant qu'exemple de drame poétique, *Toussaint Louverture* est un prestigieux échec.». W. D. Howarth, *Sublime and Grotesque, A Study of French Romantic Drama*, London, Harrap, 1975, pp. 347-8.

Pour Charles Lombard: «Today the drama is a museum piece of interest to specialists alone ...»[60]. Quant à David O'Connell, il ne consacre que moins d'une page de son essai sur le personnage noir dans la littérature romantique française à *Toussaint Louverture*, et ce pour trouver la pièce «désastreuse», et accuser Lamartine de

> ... cynically exploiting the black hero theme for his own personal advantage. [...] to help effect his political comeback [by reviving and focussing] the ire of Bonaparte haters on the new President[61].

Explication aussi originale que peu convaincante.

Dans l'ensemble, après avoir félicité les mânes de Lamartine de leur largeur d'esprit, et remarqué leurs curieuses facultés d'anticipation, on se considère quitte envers *Toussaint Louverture*. Seul Gianni Iotti, dans son étude extrêmement solide de la pièce, proteste contre cette attitude:

> Anche oggi *Toussaint Louverture* appare come un lavoro secondario: la combinazione irrisolta di stilemi tragici, melodrammatici e lirici. Ma questo non ci autorizza - come s'è fatto troppo spesso - a considerare il significato ideologico della *pièce* astratto dalla sua veste formale, sotto pena di non sciogliere nodi interpretativi come quelli a cui acennavo[62].

Retenons deux «nœuds interprétatifs» parmi ceux qu'une analyse stylistique attentive permet à Iotti de dégager: il démontre que dans la pièce, la négritude lamartinienne devient en fait une figure universelle de l'exclusion, les Noirs y représentant tous les marginaux de l'histoire qui aspirent à s'y intégrer; et que, dans ce drame lyrique, le dilemme faussement cornélien de Toussaint est en réalité symbole de l'antagonisme entre la subjectivité et l'histoire.

Si le public contemporain de Lamartine a bien accueilli sa pièce, c'est, en partie du moins, parce qu'elle est à grand spectacle, et qu'elle est

---

60 «Aujourd'hui, le drame est une pièce de musée, qui n'intéresse que les seuls spécialistes...», *Lamartine*, N.Y., Twayne Pub., 1973, p. 68.

61 «Exploiter cyniquement le thème du héros noir à son propre profit [...] de s'en servir pour effectuer son retour sur la scène polique en ravivant la fureur des anti-bonapartistes et la dirigeant contre le nouveau président.», «The Black Hero in French Romantic Fiction», *Studies in Romanticism*, 12, 2, Spring 1973, p. 527.

62 «Encore de nos jours, *Toussaint Louverture* est considéré comme une œuvre secondaire: la combinaison mal réussie d'entités stylistiques tragiques, mélodramatiques et lyriques. Mais cela n'autorise pas, comme on l'a trop souvent fait, à considérer le contenu idéologique de la pièce hors de son revêtement formel, sous peine de ne pouvoir dénouer des nœuds interprétatifs comme ceux que j'ai signalés». *Op. cit.*, pp. 134-135.

historique... qualités davantage recherchées de nos jours à l'écran que sur les planches. Qui aurait aujourd'hui l'idée de la monter irait probablement à l'échec. Il n'est par contre pas certain qu'avec quelques coupures elle ne puisse servir de scénario, et l'on peut rêver à l'opéra que Verdi aurait pu en tirer comme il le fit d'*Hernani* et du *Roi s'amuse* [63].

Certes, *de gustibus, de coloribus* et, pourrions-nous ajouter, *de litteris, non est disputendum*. Il n'est en tout cas pas absurde d'espérer que le lecteur de *Toussaint Louverture* y verra plus qu'une pièce de circonstance, ou une curiosité littéraire, qu'il trouvera certaines tirades assez éloquentes et poétiques pour racheter force situations mélodramatiques, qu'il ne se laissera pas décourager par des moments de sentimentalité à l'expression désormais désuète. À lire la pièce sans prévention, on sera peut-être surpris d'y trouver une force et un bonheur d'expression qui n'ont, eux, pas vieilli.

---

63 Un certain Gottfried Hermann composa bien un *Toussaint Louverture*, opéra en cinq actes «nach dem Französischen des Lamartine», dont tout ce que je sais est qu'il fut publié à Lübeck et représenté au Stadt-Theater de la même ville.

LE TEXTE DE *TOUSSAINT LOUVERTURE*

Deux versions du texte ont été représentées: celle «intégrale» de la première édition le soir de la première puis, à partir du lendemain, une version dont tout le quatrième acte avait été supprimé, pour raccourcir la représentation qui durait cinq (certains disent six) heures d'horloge. De l'avis général, ce quatrième acte n'apportait pas grand-chose à la pièce, d'autant plus que Frédérick Lemaître, l'idole du public, n'y paraissait pas.

Le texte de l'édition originale, reproduit dans l'édition de la Pléiade, est à peu près celui que les spectateurs de la première ont entendu, sauf que 344 vers, indiqués par un astérisque, ont été supprimés à la représentation, probablement par Frédérick Lemaître, que Lamartine avait prié le 27 décembre de «faire arbitrairement et seul toutes les coupures que la représentation [...] vous paraîtra comporter»[64]. On ne saurait entreprendre ici l'étude systématique (qui ne serait pas sans intérêt), de ces vers auxquels Lamartine tenait, puisqu'il les a conservés dans la version publiée, mais dont il a privé le public. Dans certains cas, tout simplement parce que telle ou telle longue tirade, comme la méditation de Toussaint sur sa destinée (Acte II, sc. ii), tout en ne manquant pas d'éloquence, risquait de ralentir le déroulement déjà bien peu rapide de l'action. De même la discussion entre les officiers français sur la meilleure tactique pour mâter les rebelles (Acte III, sc. viii), intéressante pour le stratège, l'est moins pour le commun des spectateurs. Dans d'autres cas, il a probablement craint d'indisposer au moins une partie du public et de précipiter des désordres dans la salle. Là, par exemple, où l'exigence d'obéissance aveugle, de subordination de la conscience à la volonté du maître est dénoncée chez Napoléon (Acte III, sc. iv), ou encore lorsque Toussaint rappelle aux siens, avec force détails, les horreurs de l'esclavage dont avaient profité les Français (Acte V, sc. i).

La présente version, dernière à avoir été revue par l'auteur, est en fait sensiblement différente de l'originale. S'il n'y a aucun changement dans l'intrigue et, finalement, fort peu dans l'idéologie, il importe de remarquer que 52 vers ont été supprimés et 13 ajoutés par Lamartine. On trouvera ci-dessous, aux pages 149-152, la liste de ces ajouts et suppressions, dont la place est indiquée dans le texte par un astérisque à la fin du vers. Dans l'ensemble, il me semble que le texte original se trouve allégé, clarifié, et pour tout dire amélioré par ces corrections.

En outre, nombre de vers (plus de 300 sur 2.679) ont été modifiés. Pour la plupart d'entre eux, un seul mot différencie les deux versions, et

[64] *Répertoire de la correspondance*, p. 138.

n'intéresse pratiquement jamais la rime. Ainsi à propos des colons, Lucie disait en 1850 que depuis la libération, Haïti «Pour ces rois détrônés ne germe plus d'esclaves!» et dans notre version: «Pour ces rois détrônés n'enfante plus d'esclaves!» (vers 151); l'original «Est-ce faiblesse ou force au moment du danger» devient «Est-ce faiblesse ou force à l'heure du danger» (vers 442), «Ah! plus qu'à sa beauté, je le sens à ma haine!» est changé en «Bien plus qu'à sa beauté, je le sens à ma haine!» (vers 1.468) et ainsi de suite. À l'occasion, un vers de treize pieds est amputé pour devenir alexandrin: le vers 1.498 «-Madame ... -Point de mais! -Cela ne se peut pas» débutait dans l'originale par un «Mais», et le vers 1.942 portait un «O» exclamatif tout aussi malencontreux.

Comme dans le cas des ajouts et des suppressions, les corrections apportées par Lamartine me semblent presque toujours heureuses. Même en négligeant les changements de ponctuation (points d'interrogation remplacés par des points d'exclamation, virgules par des points-virgules, etc.) relever toutes les variantes aurait élargi démesurément les dimensions de ce travail. Non certes que la chose eût été inutile. Peut-être un chercheur s'attellera-t-il un jour à cette tâche, ingrate certes, mais qui permettrait de mieux connaître la poétique et la façon de travailler de Lamartine.

Je signale pour mémoire que j'ai systématiquement modernisé *ég* en *èg* dans *piège*, *siège*, etc. J'ai également modernisé *pié* en *pied*.

Contrairement à l'éditeur des *Œuvres complètes*, j'ai conservé la préface de Lamartine, pour ce qu'elle rapporte de la genèse du texte, de ses sources et de sa représentation.

Enfin, j'ai cru bon de rétablir l'astérisque au début des vers supprimés à la représentation, qui se retrouvent presque tous dans la présente édition et que Lamartine avait effacés en 1863; le lecteur sera peut-être curieux d'identifier, sans avoir à se reporter à l'originale, ces vers jamais prononcés sur la scène.

Intérieur de la loge des figurants.

Intérieur de la loge des figurants (Dulong)

Théâtre de la Porte-Saint-Martin, *Toussaint Louverture*. — Acte deuxième, Toussaint, Frédéric Lemaître.

Frédéric Lemaître en Toussaint Louverture

Alphonse de Lamartine

TOUSSAINT LOUVERTURE

PRÉFACE

Ce drame, si toutefois ces vers méritent ce nom, n'était pas dans ma pensée, quand je l'écrivis, une œuvre littéraire; c'était une œuvre politique, ou plutôt, c'était un cri d'humanité en cinq actes et en vers.

Voici son origine:

Depuis 1834, les hommes politiques qui croient que les gouvernements doivent avoir une âme, et qu'ils ne se légitiment aux yeux de Dieu que par des actes de justice et de bienfaisance envers les peuples, s'étaient formés à Paris en société pour l'émancipation des noirs; j'y fus admis à mon retour d'Orient; je fus édifié des maximes de haute philanthropie et de religieuse charité qui retentirent dans cette réunion et qui se lurent dans ses publications; mais je fus effrayé du vague mal défini de ses tendances, et je craignis que ces appels éloquents, jetés tous les mois, de l'Europe, à la liberté des noirs, ne fussent pris par les colons pour une provocation à la spoliation de leur patrimoine, et ne fussent interprétés par les noirs en droit d'insurrection et de ravage dans nos colonies. Je fis part de ces craintes à la société, et je formulai un système pratique et équitable d'émancipation de l'esclavage à peu près semblable à celui que nous avons si heureusement appliqué en 1848.

> «Les colons, dis-je, sont autant nos frères que les noirs, et de plus ils sont nos compatriotes. Ces Français de nos Antilles ne sont pas plus coupables de posséder des esclaves que la loi française n'est coupable d'avoir reconnu la triste légitimité de cette possession. C'est un malheur pour nos colons que ce patrimoine, ce n'est pas un crime; le crime est à la loi qui leur a transmis et qui leur garantit cette propriété humaine qui n'appartient qu'à Dieu. La liberté de la créature de Dieu est sans doute inaliénable; on ne proscrit pas contre le droit de possession de soi-même. En droit naturel, le noir enchaîné a toujours le droit de s'affranchir; en droit social, la société qui l'affranchit doit indemniser le colon. Elle le doit pour deux motifs, d'abord parce que la société est juste, et secondement parce que la société est prudente.
>
> Il n'y a point de justice à déposséder sans compensation des familles à qui vous avez conféré vous-même cette odieuse féodalité d'hommes. Il n'y a point de prudence à lancer les esclaves dans la liberté sans avoir pourvu à leur sort; or, de quoi vivront-ils dans le travail libre, si les colons qui possèdent les terres n'ont aucun salaire à donner à leurs anciens travailleurs affranchis? Et s'il n'y a dans les colonies ni capital ni salaire, vous

> condamnez donc les blancs et les noirs à s'entre-dévorer. Il faut absolument, ajoutai-je, que vos appels à l'abolition de l'esclavage des noirs soient combinés avec la reconnaissance d'une indemnité due aux colons; il faut que les deux mesures soient simultanées pour être vraiment humaines; il faut vous présenter aux colonies la liberté dans une main, l'indemnité dans l'autre; et que vous ménagiez la transition de l'esclavage au travail libre, de manière à ce que ce bienfait pour les uns ne soit pas une ruine et une catastrophe pour les autres; il ne faut pas qu'une goutte de sang tache par votre faute cette grande réhabilitation de l'humanité.»

Ces idées et ces mesures furent adoptées par l'immense majorité des partisans de l'abolition de l'esclavage. L'Angleterre, qui sait si bien introduire le principe moral dans ses actes administratifs, sollicitée depuis quarante ans par la voix sainte et obstinée de *Wilberforce*, venait de nous devancer. Elle avait fait pour ses colonies à esclaves ce que je demandais pour les nôtres; elle avait donné généreusement à ses colons une indemnité de *cinq cents millions*, prix d'une vente rachetée dans les lois.

Nous ne cessâmes pas pendant plusieurs années de provoquer la France à imiter ce noble exemple de l'Angleterre; la tribune retentissait de nos discours (je donne ici quelques-uns des miens pour faire comprendre la question)[1]. On nous répondait par des applaudissements qui ne coûtent rien et par des ajournements qui promettent tout sans rien tenir; nous marchions ainsi les yeux bandés vers un cataclysme des colonies; car si l'émancipation, au lieu de s'accomplir sous la main prudente, forte et pleine d'or d'un gouvernement, venait à s'accomplir par l'insurrection, par la propagande anglaise, ou par une révolution irréfléchie en France, l'émancipation pouvait couvrir de ruines, de sang et de deuil nos malheureuses colonies.

Il s'en fallut peu que ces déplorables prévisions ne fussent réalisées par l'imprévoyance obstinée du gouvernement de Juillet et par la temporisation égoïste des assemblées.

La révolution de Février éclata; j'eus alors le bonheur, bien rare pour un homme d'État improvisé par un peuple, d'avoir été à la fois l'orateur philosophe et l'exécuteur politique d'un des actes les plus saints et les plus mémorables d'une nation et d'une époque, d'un de ces actes qui font date dans l'histoire d'une race humaine.

---

[1] Sur ces discours, voir ci-dessus, page VI. À l'exception de celui du 15 février 1838 à la Chambre des députés, ils sont reproduits dans l'édition de 1863 à la suite de la pièce, aux pages 149-177.

Trois jours après la révolution de Février, je signai la liberté des noirs, l'abolition de l'esclavage et la promesse d'indemnité aux colons. Ma vie n'eût-elle eu que cette heure, je ne regretterais pas d'avoir vécu.

Depuis, l'Assemblée constituante ratifia cette mesure; on nous présageait des crimes et des ruines; Dieu trompa ces présages, tout s'est accompli sans catastrophe... Le noir est libre, le colon est indemnisé, le concours s'établit, le travail reprend. La sueur volontaire des travailleurs libres est plus féconde que le sang de l'insurrection.

Mais remontons à 1840. À cette époque, toujours fidèle à la cause de l'émancipation, toujours à la tribune, toujours applaudi, mais toujours vaincu dans la Chambre des députés, je résolus de m'adresser à un autre auditoire, et de populariser cette cause de l'abolition de l'esclavage dans le cœur des peuples, plus impressionnable et plus sensible que le cœur des hommes d'État. J'écrivis, en quelques semaines de loisir à la campagne, non la tragédie, non le drame, mais le poëme dramatique et populaire de *Toussaint Louverture*. Je ne destinais nullement cette faible ébauche au Théâtre-Français, je la destinais à un théâtre mélodramatique du boulevard. Je l'avais conçue pour les yeux des masses plutôt que pour l'oreille des classes d'élite au goût raffiné. C'est ce qui explique la nature des imperfections de cet ouvrage. C'est une pièce d'optique à laquelle il faut la lueur du soleil, de la lune et du canon.

Diverses circonstances et diverses questions plus urgentes de politique me firent perdre de vue cette composition ébauchée. Aussitôt après l'avoir écrite, les luttes parlementaires contre la coalition, qui préludait à la révolution sans s'en douter, m'occupèrent deux ans. Je voulais une marche progressive en avant, mais je voulais cette marche en ordre. Je voyais avec peine une fronde et une ligue de mécontentements de cour et d'ambitions de ministères se former sous cinq ou six drapeaux opposés, et se réunir sans sincérité et sans prévoyance pour assaillir la monarchie par la main des hommes qui l'avaient fondée. Je ne servais pas cette monarchie de Juillet, je m'en tenais sévèrement isolé; je ne voulais rien lui devoir; mais elle était le gouvernement constitué du pays: je répugnais à ces frondes et à ces ligues qui se jouaient à la fois de la royauté et de la nation, et qui portaient dans leur sein des tempêtes qu'elles seraient incapables de maîtriser après les avoir déchaînées. Ces luttes parlementaires contre la coalition m'absorbèrent tout entier de 1839 à 1842. Je parlai et j'écrivis sans cesse pour dire à la Chambre: «On vous joue»; et pour dire au pays: «On vous perd.»

Dans un voyage que je fis à cette époque aux Pyrénées, je perdis une partie de mes papiers. *Toussaint Louverture* était du nombre de ces manuscrits égarés; j'en eus peu de regret, et je n'y pensai plus. Quelques années après, mon caviste le retrouva dans ma cave servant de bourre à un panier de vin de Jurançon (le lait d'Henri IV), dont on m'avait fait présent à Pau. Je ne le relus pas et je le jetai dans l'immense rebut de mes vers: il aurait dû y rester toujours.

Mais après la république, un libraire intelligent et inventif (M. Michel Lévy) voulut bien m'offrir d'acquérir un volume de drame enfoui dans mes portefeuilles: j'acceptai avec reconnaissance ses conditions. Cette profession d'éditeur, qui met le commerce de moitié avec les idées, élargit le cœur et élève l'âme des libraires de Paris. J'ai trouvé toute ma vie en eux des hommes d'élite très-supérieurs à ce métier de vendre et d'acheter, qui rétrécit et qui endurcit quelquefois les trafics d'argent. Les éditeurs et les libraires sont la noblesse élégante, libérale et prodigue du commerce. Ils ont été la providence de mes mauvais jours. Les noms de *Gosselin*, de *Ladvocat*, de *Didot*, d'*Urbain Canel*, de *Furne*, de *Michel Lévy*, de *Coquebert*, véritable artiste qui mettait son âme dans ses affaires, resteront toujours dans ma mémoire comme des noms qui me rappellent plus de procédés que de contrats, plus d'amitié que de commerce. Les professions deviennent des dignités quand elles sont exercées avec tant de probité et tant de cordialité.

M. Michel Lévy avait le droit de faire représenter mon drame; je regrettai qu'il en fit usage, mais je devais subir cet inconvénient de la publicité, et il était immense pour moi à une époque où la faveur publique m'avait abandonné et où l'obscurité était à la fois pour moi un repos et un asile. Il vient de faire représenter mon poëme sur le théâtre de la Porte-Saint-Martin. Un grand acteur a voilé sous la splendeur de son génie les imperfections de l'œuvre. Le public n'a vu que *Frédérick Lemaître*; l'auteur a heureusement disparu derrière l'acteur.

Le drame a été oublié; le grand comédien a été applaudi, il a grandi, et j'ai été sauvé d'une chute que j'avais méritée et acceptée d'avance. Tout est bien.

Maintenant que M. Michel Lévy publie le livre, il faut que je donne au lecteur le portrait réel et historique du héros des noirs. Je le prends dans les notes inédites du général *Ramel*, qu'un de mes collègues, représentant du peuple, possesseur de ces intéressants mémoires, veut bien me communiquer.

«Toussaint, dit le général *Ramel*, qui dessine ce portrait de Saint-Domingue et d'après nature, Toussaint est âgé de cinquante-cinq ans. Sa taille est ordinaire, son physique rebutant; il est laid même dans l'espèce noire; il naquit aux Gonaïves sur l'habitation d'*Indéri*, fut d'abord cocher, puisatier, et finit par être gérant de M. d'Héricourt. Il monte bien à cheval et lestement. La nature l'a doué d'un grand discernement; il n'est pas trop communicatif. Brave, intrépide et prompt à se décider quand il le faut; tous les ordres qu'il donne, il les écrit de sa main; il n'est permis à aucun aide de camp ou secrétaire de décacheter ou lire les lettres et mémoires qu'on lui adresse; lui seul les ouvre et les lit avec beaucoup d'attention. Il ne fait pas attendre sa réponse, et ne revient jamais sur ses ordres ou sur ses décisions. De tout temps très-attaché à la doctrine de la religion chrétienne, il hait ceux qui négligent de la professer. Frugal, sobre jusqu'à l'excès: du manioc, quelques salaisons et de l'eau, voilà sa nourriture et sa boisson. Il croit fermement qu'il est l'homme annoncé par l'abbé Raynal, qui doit surgir un jour pour briser les fers des noirs. Bon époux, père tendre, on ne peut qu'admirer l'attachement et le respect qu'il porte à son parrain qui reste en haut du Cap; il ne vient jamais dans cette ville qu'il ne s'arrête chez lui en arrivant. Ce parrain est très mal logé, et n'a jamais voulu changer de demeure sous le règne de Toussaint. C'était un homme important, et qui a rendu de grands services. On l'a noyé depuis; quelle en a été la raison? je n'en sais rien. Toussaint fut d'abord l'ennemi du désordre et du brigandage. C'est par cette raison que, dès le commencement des troubles, il s'était retiré chez les Espagnols; il fit avec eux la guerre à ses compatriotes, il s'y était même distingué. On ignore par quels moyens le général Lavaux le ramena dans le parti français. Il vint prendre rang dans l'armée française de Saint-Domingue; il fut bientôt promu au grade de général de brigade, puis de division et de gouverneur. On dit que l'appétit vient en mangeant, il faut croire qu'il en est ainsi de l'ambition. Toussaint rendit de grands services au général Lavaux, et on lui doit l'expulsion des Anglais de la colonie.

Un homme de couleur, le général Dumas, avait pu obtenir en Europe le commandement en chef d'une armée française; Toussaint trouva donc tout juste et tout naturel de commander au moins à ses compatriotes qui le désiraient, le demandaient pour chef, et ne l'ont que trop bien secondé. Voilà le but où tendaient tous ses vœux et tous ses travaux. Bientôt il sentit qu'il fallait reconstruire ce qu'il avait détruit; il s'en occupe avec beaucoup de ténacité, et tous les hommes lui sont bons, quelles que soient leur couleur et leur opinion.

»Malheur à qui oserait le tromper, il abhorre les menteurs. On lui en impose difficilement; il est méfiant à l'excès, et pardonne rarement à ceux de sa couleur, dont il connaît bien le génie inquiet.

Chaque année il envoie à son ancien maître, réfugié aux États-Unis, le produit de son habitation et beaucoup au delà... Je pourrais encore ajouter bien des choses. Je crois suffisant ce que je viens de dire.

Ce ne sera pas une histoire dénuée d'intérêt que celle de Toussaint, si elle paraît jamais, et surtout si elle est écrite avec impartialité, et s'il est permis de tout dire.

Lorsque Toussaint fut forcé de se soumettre, et qu'il eut obtenu que tout serait oublié, il vint au Cap; il osa y entrer précédé de trompettes, trente guides en avant et autant en arrière; il fut hué, insulté même par les habitants; il était accompagné du général Hardi, vers lequel il se tourna, et il lui dit froidement: *«Voilà ce que sont les hommes partout; je les ai vus à mes genoux, ces hommes qui m'injurient; mais ils ne tarderont pas à me regretter.»* Il ne s'est pas trompé. Le général Leclerc le prévint; on dit qu'il conspirait; il fut arrêté et envoyé en France.

Christophe est né dans l'île anglaise qui porte ce nom; il est âgé de quarante ans. Il fut amené très jeune à Saint-Domingue par un Anglais; il y est resté longtemps domestique d'auberge; tel était encore son état lorsque la révolution éclata dans la colonie; il a pris une grande part dans les troubles de cette île. C'est Toussaint qui l'a fait général de brigade, aussi lui est-il très attaché. Christophe est très bien fait de sa personne. On ne saurait imaginer à quel point cet homme a l'usage du monde; doué des formes les plus séduisantes, il s'explique avec beaucoup de clarté et parle bien le français. Quoique très-sobre, il aime néanmoins l'ostentation; il est instruit, vain jusqu'au ridicule, enthousiaste de la liberté. Combien de fois ne m'a-t-il pas dit que si jamais on osait parler de remettre sa couleur en esclavage, il incendierait jusqu'au sol de Saint-Domingue! Il avait pour le général Debel une antipathie insurmontable. D'où provenait-elle? Je le sais bien; mais il ne faut pas que tout soit connu.

Christophe n'est pas cruel; je suis sûr qu'il se fait violence quand il use de mesures de rigueur. Il commanda le Cap après la mort de Moïse, et il s'y était fait généralement aimer de toutes les couleurs. Aujourd'hui, c'est un ennemi irréconciliable très dangereux, et qui jouera un grand rôle par ses talents militaires.

Dessalines est un noir du *Congo*; il est âgé de quarante-cinq ans. Sa physionomie est dure; lorsqu'il entre en fureur le sang lui sort par les yeux et par la bouche. C'est l'Omar de Toussaint; il le regarde comme un dieu, et dans le culte qu'il rend à son idole il entre autant de politique que d'attachement. De quelle bienveillance ne l'a pas comblé le général Leclerc? Telle était sa faveur auprès de lui qu'on pouvait dire:

Les vainqueurs sont jaloux du bonheur des vaincus.

Dessalines est la terreur des noirs.

Une émeute avait-elle éclaté, c'était lui que Toussaint envoyait, non pour apaiser mais pour châtier; à son approche tout tremblait, il n'y avait aucune grâce à espérer. Dessalines est brave, mais n'a aucune instruction; il est général en chef... Qui a pu décider sa défection? Il ne faut pas en douter: l'arrestation de Toussaint. Cependant je ne puis croire qu'il puisse longtemps se conserver dans sa place avec si peu de moyens. Pour gouverner il faut plus que du courage et des moyens violents. *Violentum nihil durabile*. Maurepas est âgé de quarante ans; il est né à Saint-Domingue, et y a été assez bien élevé; il parle avec beaucoup de grâce et de précision. Bien fait de sa personne, gentil, même coquet, splendide en tout, d'une bravoure éprouvée et possédant l'art militaire au dernier point. Il lit beaucoup et a une bibliothèque choisie. Il aime la nation française autant qu'il déteste les Anglais. Il n'a jamais voulu séparer son sort de celui de Toussaint; aussi nous a-t-il fait plus de mal à lui seul que tous les généraux de Toussaint. Lorsqu'il se soumit on lui conserva le commandement du Port de Paix; j'ai servi sous ses ordres. Il avait dans cette ville une maison qui aurait été belle à Paris. Rien n'avait été oublié pour l'embellir et la décorer. Elle devait avoir coûté des sommes immenses. J'ai constamment mangé à sa table. Dans les commencements, je ne revenais pas de mon étonnement de lui voir cette aisance à faire les honneurs de chez lui. Lorsque Toussaint eut été arrêté pour être conduit en France, que Christophe, Clervaux, Pétion et Dessalines furent se réunir aux bandes du chef Sylla, qui le premier avait levé l'étendard de la révolte, que l'insurrection des noirs fut devenue générale, je dus me tenir en réserve et presque en défense contre Maurepas. Il s'en aperçut et me parut très peiné de ma méfiance, il s'en expliqua avec franchise; il me dit que son parti était pris, qu'il ne se séparerait pas une seconde fois de la France, quel que pût être le sort qui lui était réservé; que si je voulais il m'allait remettre le commandement, et que je n'avais qu'à en écrire au général Leclerc et lui demander pour lui, Maurepas, de passer en France. Quoique content de cette explication, j'écrivis au capitaine général. Je ne reçus d'autre réponse que celle d'ordonner à Maurepas de se rendre au Cap pour y recevoir une destination ultérieure. Je lui communiquai cet ordre; il ne balança pas à s'embarquer avec toute sa famille, et partit pour le Cap. J'appris quarante-huit heures après qu'en entrant en rade, lui, sa femme, ses enfants en bas âge avaient été jetés à la mer. Il n'avait demandé d'autre grâce que celle de n'avoir pas les mains liées derrière le dos. Jamais nouvelle ne m'a plus contristé; j'en fus tout absorbé. Je me rappelais qu'accompagnant Maurepas sur le port, et au moment de nous séparer, il m'avait dit en m'embrassant: «Vous ne me verrez plus, ils veulent me tuer; le général Debel est mon ennemi.» Que ne lui dis-je pas pour le rassurer? je lui donnai ma parole d'honneur qu'il n'avait rien à craindre. Le général Leclerc fut trompé, tout le prouve. Dans la supposition où le capitaine général aurait pris

> le parti de se débarrasser de tous les chefs noirs qui resteraient en son pouvoir, Laplumeret, Sablinet, qui vivent encore, auraient dû subir le même sort. La mort de Maurepas est l'effet d'une vengeance particulière dont j'ai bien ressenti ma part. Je ne fais assurément aucun cas de l'estime de Christophe et de Pétion; cependant j'ai été peiné d'avoir été soupçonné par eux d'avoir livré Maurepas, dont, je le répète, je n'ai jamais reçu que de bons offices, et sur lequel, j'ose le dire, le capitaine général pouvait compter. Ce supplice ne produisit qu'un mauvais effet; il décida l'entière défection des noirs, nous aliéna les indifférents, et une guerre à mort entre les deux couleurs fut dès ce moment déclarée. Quels hommes a-t-on noyés à Saint-Domingue? des noirs faits prisonniers sur le champ de bataille? non; des conspirateurs? encore moins! On ne jugeait personne: sur un simple soupçon, un rapport, une parole équivoque, deux cents, quatre cents, huit cents, jusqu'à quinze cents noirs étaient jetés à la mer. J'ai vu de ces exemples, et j'en ai gémi. J'ai vu trois mulâtres frères subir le même sort. Le 28 frimaire ils se battaient dans nos rangs, deux y furent blessés; le 29 on les jeta à la mer, au grand étonnement de l'armée et des habitants. Ils étaient riches et avaient une belle maison qui fut occupée deux jours après leur mort par le général.»

On sait comment l'infortuné Toussaint Louverture, arraché de sa patrie, fut amené en France et n'y trouva que l'hospitalité d'une prison d'État, au lieu de l'asile et des honneurs qu'on lui avait fait espérer. Cet homme, tout ébloui encore de l'importance qu'il avait acquise, tout superbe encore de l'autorité souveraine qu'il venait d'exercer, tout enivré des espérances de gloire et d'immortalité qui rayonnaient depuis sept ans autour de son front, fut enfermé par Bonaparte dans un cachot du fort de Joux, dans les plus âpres montagnes du Jura, sans soleil, sans famille, sans peuple; il y languit quelques années et y mourut du froid du corps et du froid de l'âme. Ce ne fut que quarante-huit ans après ce martyre que le mot de liberté des noirs put enfin retentir sur son tombeau. Ses fils, héritiers de ce grand nom et rendus dignes de le porter par l'éducation qu'il leur avait donnée, le cachèrent, dit-on, longtemps dans l'obscurité en France, et se montrèrent au niveau de leur malheur et de la gloire de leur père. L'histoire et la France doivent réparation tardive de ces ostracismes du héros des noirs.

Tel est le fond réel du drame de Toussaint Louverture; les accessoires n'ont que la réalité de l'imagination. Quand je l'écrivis, de mémoire, j'étais sans livres et sans documents, à la campagne, et je n'avais sous la main ni les faits, ni les couleurs propres à donner une valeur historique à ce tableau.

Je ne me dissimule aucune de ses nombreuses imperfections; ce n'était dans mon intention qu'un discours en vers et en action en faveur de l'abolition de l'esclavage. L'esclavage est à jamais aboli; aujourd'hui, qu'on me pardonne le drame en faveur de l'acte. Si mon nom est associé dans l'avenir de la race noire aux noms de Wilberforce et des abolitionnistes français, ce ne sera pas pour ce poëme, ce sera pour le 27 février 1848, où ma main signa l'émancipation de l'esclavage au nom de la France!

Les artistes de la scène sur laquelle ce drame a été représenté méritent plus que moi la reconnaissance des compatriotes de Toussaint. Ils ont encadré mes faibles vers dans tout le luxe d'art qui pouvait suppléer l'insuffisance du tableau. Les vers sont à moi, le drame est véritablement à eux. Bien que je ne doive pas récidiver, je l'espère, et que je ne sois qu'un auteur dramatique d'une soirée, il convient que je fasse comme mes confrères en poésie, et que je dise après le rideau baissé ce que j'ai éprouvé aux premières représentations, caché au fond d'une seconde loge, en voyant marcher, parler et agir sur la scène, ces vers, personnifiés dans des hommes, dans des femmes, dans des enfants, dans des jeunes filles, qui semblaient renvoyés des régions de l'imagination comme les fantômes incarnés de mes conceptions. Le public leur a payé en applaudissements ce que je leur dois en reconnaissance. Frédérick Lemaître a été le Talma des noirs, un Talma des tropiques, aussi grand dessinateur, d'un caractère plus sauvage, plus ému, plus explosible, que le Talma de Tacite, que nous avons vu chez nous se poser, marcher, penser et parler comme la statue vivante de l'histoire classique. C'est bien de Frédérick Lemaître que le public a pu dire ce que les Français disaient de Toussaint:

Cet homme est une nation.

Une jeune fille, sœur de mademoiselle Rachel, dont le nom impose la responsabilité du don théâtral, a bien porté, quoique si enfant, ce nom de famille si écrasant pour la scène. Mademoiselle Lia Félix a eu le souffle du tropique dans la poitrine, le cri de la liberté dans la voix, la fibre de l'amour filial dans le cœur; il ne lui manque que les années pour avoir ce que sa sœur a en génie. Jemma a déguisé, sous son talent la nullité d'un rôle ingrat, et les lacunes d'un mauvais acte qui remplit la scène sans la passionner[2]. Tous les autres personnages ont concouru à l'œuvre avec zèle et désintéressement

2 Jemma tenait le rôle de Salvador. Le quatrième acte, entièrement consacré aux retrouvailles d'Adrienne et de ses frères, et à la révélation de la paternité de Salvador, fut supprimé en entier à partir de la deuxième représentation. Suppression due à la longueur excessive de la première représentation et au fait que l'acte ne contribue guère au déroulement de l'intrigue.

d'amour-propre, dans la proportion de leurs trop faibles rôles. Un compositeur intelligent et sensible a associé la musique aux vers; il a trouvé des notes qui préludaient merveilleusement aux émotions que j'aurais voulu produire; enfin, le théâtre a véritablement protégé l'écrivain. Mon seul mérite est de l'avouer. Je dois au théâtre de la Porte-Saint-Martin de la reconnaissance; le public lui doit de l'estime; les spectateurs et les lecteurs ne me doivent à moi que le pardon.

Paris, 15 avril 1850.

PERSONNAGES:	**ACTEURS:**
TOUSSAINT LOUVERTURE.............................	M.Frédérick Lemaître.
LE PÈRE ANTOINE...	M. Marius.
SALVADOR..	M. Jemma.
ALBERT (17 ans). fils de Toussaint......................	M. Munier.
ISAAC (11 ans). fils de Toussaint........................	Mlle Volnais.
LE GÉNÉRAL MOÏSE, neveu de Toussaint.......	M. R. Drouville.
LE GÉNÉRAL LECLEC......................................	M. Deloris.
LE GÉNÉRAL ROCHAMBEAU.........................	M. Rey.
LE GÉNÉRAL PÉTION......................................	M. Dévéria.
LE GÉNÉRAL FERRANT.................................	M. A. Albert.
LE GÉNÉRAL BOUDET.....................................	M. Vannoy.
LE GÉNÉRAL FRESSINET................................	M. Mercier.
MAZULIME	M. Mulin.
SAMUEL, instituteur des noirs.............................	M. Linville.
SERBELLI, frère de Salvador..............................	M. Fleuret.
DESSALINES..	M. Lansoy.
UN MATELOT...	M. Dubois.
UN NOIR...	M. Coti.
UN AIDE DE CAMP...	M. Alexandre.
UN OFFICIER..	M. Néraut.
UN SOLDAT...	M. Potonnier.
UN AUTRE SOLDAT...	M. Bruno.
ADRIENNE, nièce de Toussaint (13 ans)...........	Mlle Lia Félix.
MADAME LECLERC (Pauline Bonaparte).........	Mlle Dharville.
LUCIE..	Mlle Munier.
NINA..	Mlle Ramelli.
ANNAH	Mme Devaux.

La scène est à Haïti.

ACTE PREMIER

Aux Gonaïves, près du Port-au-Prince. On voit une habitation en ruine sur les flancs élevés d'un morne qui domine une rade. Non loin de là un camp de nègres insurgés[1]*. Des ordonnances vont et viennent. Une petite lumière brille seule à travers la fenêtre haute d'une tour où travaille Toussaint Louverture. La mer, éclairée par la lune, se déroule à l'horizon. Il est presque nuit.*

SCÈNE PREMIÈRE

ADRIENNE, LUCIE, SAMUEL, ANNAH, NINA, BLANCS, MULÂTRES, NÈGRES, NÉGRESSES.

À droite, aux sons du fifre, du tambourin et des castagnettes espagnoles, de jeunes négresses et de jeunes mulâtresses groupées çà et là sur la scène sont occupées à effeuiller et à rompre des cannes à sucre.

À gauche, Samuel. instituteur des noirs, assis sur les marches d'une fontaine, entouré d'un groupe d'enfants mulâtres, blancs, noirs, de douze à quinze ans, leur fait épeler à voix basse un livre sur ses genoux, du bout de son doigt. Les enfants paraissent charmés et attentifs.

ANNAH, *s'approchant de Samuel.*

Pourquoi donc, Samuel, au milieu de nos fêtes,
De ces pauvres enfants courbant ainsi les têtes,
De la lèvre et du doigt leur épeler tout bas,
Ces grimoires encor qu'ils ne comprennent pas?
5 De quels savants ennuis charges-tu leur mémoire?
Que leur enseignes-tu?

SAMUEL.

La *Marseillaise* noire!

---

1 Lamartine oublie que l'insurrection des nègres était finie depuis longtemps et que la lutte pour l'indépendance n'allait commencer qu'à la fin du cinquième acte.

ANNAH.

La *Marseillaise* blanche a guidé les Français
Aux combats; mais les noirs, grâce à Dieu, sont en paix!

SAMUEL.

Aussi de l'air sacré le noir changea la corde,
10 Le chant des blancs dit guerre! et le nôtre concorde!
Au cœur de tous les noirs soufflant l'humanité,
C'est un hymne d'amour et de fraternité.
Le sang a-t-il donc seul une voix sur la terre?
Écoute! et vous, enfants, retenez!

À Annah, en lui montrant ses compagnes qui causent et chantent à demi-voix.

15 Fais-les taire!

Il récite les trois couplets et fait chanter le refrain aux enfants. Les jeunes filles y mêlent leurs voix peu à peu.

LA MARSEILLAISE NOIRE

I

Enfants des noirs, proscrits du monde,
Pauvre chair changée en troupeau,
Qui de vous-même, race immonde,
Portez le deuil sur votre peau!
20 Relevez du sol votre tête,
Osez réclamer en tout lieu
Des femmes, des enfants, un Dieu:
Le nom d'homme est votre conquête!

REFRAIN

Offrons à la concorde, offrons les maux soufferts,
25 Ouvrons (ouvrons) aux blancs amis nos bras libres de fers.

II

Un cri, de l'Europe au tropique,
Dont deux mondes sont les échos,
A fait au nom de République
Là des hommes, là des héros.

30 L'esclave au fond de sa mémoire
Épelle un mot libérateur,
Le tyran se fait rédempteur:
Dieu seul remporte la victoire!

Offrons à la concorde, offrons les maux soufferts,
35 Ouvrons (ouvrons) aux blancs amis nos bras libres de fers.

III

La Liberté partout est belle,
Conquise par des droits vainqueurs,
Mais le sang qui coule pour elle
Tache les sillons et les cœurs.
40 La France à nos droits légitimes
Prête ses propres pavillons;
Nous n'aurons pas dans nos sillons
À cacher les os des victimes!

Offrons à la concorde, offrons les maux soufferts,
45 Ouvrons (tendons) aux blancs amis nos bras libres de fers.

SAMUEL, *aux enfants.*

Bien, amis! mais ce chant, que votre voix répète,
N'est pas pour notre oreille un vain jeu de poëte,
Ni sur un instrument le caprice des doigts!
Il se chante du cœur bien plus que de la voix:
50 Il se chante au travail avec la noble peine
Qui sur le sol fertile entrecoupe l'haleine!
Il se chante à l'église avec l'hymne immortel
Que le divin pardon fait monter de l'autel!
Il se chante au rivage en déployant la rame,
55 Et des pieds et des mains, et du cœur et de l'âme,
Sous le ciel, sur la mer, à l'exercice, aux champs,
Partout où l'homme en paix s'encourage à ses chants,
Et si l'ennemi rêve une terre usurpée,
Alors, enfants, cet air se chante avec l'épée;
60 Se mêlant au tambour, au fusil, au clairon,
L'hymne devient tonnerre et couvre le canon!

Hourrah des enfants.

ANNAH.

Te souviens-tu, Nina, de la maîtresse blanche,

Quand l'injure à la bouche et le poing sur la hanche,
Pour nous faire trembler prenant sa grosse voix,
65 Elle disait, à coups d'éventail sur nos doigts:
«Des verges! Punissez cette indolente esclave
Qui me laisse brûler par ce souffle de lave!
Vengez-moi! frappez-la d'un fouet sifflant et prompt,
Jusqu'à ce que le vent soit glacé sur mon front!»

CHŒUR DE NÉGRESSES.

Elles chantent ironiquement.

70 Bah! bah! bah! maintenant de vos soupirs, madame,
À votre aise, tenez votre front éventé!
Les bras de nos guerriers ont affranchi notre âme,
Gloire à Toussaint! Vive la liberté!

CHŒUR DE SOLDATS *dans le lointain.*

Vive la liberté!

LUCIE *à Adrienne, à l'écart.*

Ainsi seule et rêveuse et les yeux pleins de larmes,
75 Adrienne, nos jeux pour toi n'ont aucuns charmes?
Quand mon cœur inquiet m'entraîne sur tes pas,
Je te trouve toujours où la foule n'est pas;
Ta langueur cependant n'a point encor de causes,
Tes yeux n'ont vu fleurir que treize fois les roses
80 D'Haïti délivré le héros triomphant[2]
T'élève et te chérit comme un troisième enfant;
Depuis qu'envers la France un devoir politique
L'a forcé de remettre à cette république
Ses deux fils, emmenés dans un brillant exil,
85 Si tu n'es pas sa joie, où la trouvera-t-il?

ADRIENNE, *distraite.*

Vois-tu comme au delà du cap sonore et sombre,
La mer immense et creuse étincelle dans l'ombre?
Comme de son sommet chaque flot écumant
Sur lui-même à son tour croule éternellement?
90 Le soleil sur les flots, lumineuse avenue,

---

2 Saint-Domingue ne prit le nom d'Haïti que deux ans plus tard, le 1er janvier 1804, date de la proclamation de l'indépendance par Dessalines.

Appelle mes pensers vers la terre inconnue
Où de nos premiers ans la précoce amitié
Semble avoir de mon cœur jeté l'autre moitié!

NINA, *les interrompant et s'adressant à ses compagnes.*

Quand le sommeil rebelle à la blanche maîtresse
95 S'écartait de ce lit où veillait sa négresse,
Et qu'un moustique à l'œil échappant par hasard,
Dans sa peau délicate avait plongé son dard,
«Des verges! criait-elle, à l'esclave endormie
Qui me laisse piquer par la mouche ennemie.
100 Vengez-moi! Frappez-la jusqu'à ce que ses pleurs
De l'aiguillon cuisant apaisent les douleurs!»

CHŒUR DE NÉGRESSES.

Bah! bah! bah! maintenant avec vos pleurs, madame,
Apaisez la piqûre où le dard est resté!
Les bras de nos guerriers ont affranchi notre âme.
Gloire à Toussaint! Vive la liberté!

CHŒUR DE NÈGRES, *dans le lointain.*

105 Vive la liberté!

LUCIE, *à Adrienne.*

Ah! que peux-tu rêver, sur ces lointaines plages,
De plus beau que les mers qui baignent nos rivages?
Que ces mornes couverts de bois silencieux?
Autels d'où nos parfums s'élèvent dans les cieux?
110 Que ce peuple étanchant ses veines épuisées,
Essuyant sa sueur sur ses chaînes brisées,
Cultivant ses sillons, et de la liberté
Semant les fruits divins pour sa postérité?

ADRIENNE, *toujours distraite.*

O mornes du Limbé! vallons! anses profondes
115 Où l'ombre des forêts descend auprès des ondes;
Où la liane en fleur, tressée en verts arceaux,
Forme des ponts sur l'air pour passer les oiseaux;
Galets où les pieds nus, cueillant les coquillages,
J'écoute de la mer les légers babillages;
120 Bois touffus d'orangers, qui, lorsque vient le soir,

Exhalez vos parfums comme un grand encensoir,
Et qui, lorsque la main vous secoue ou vous penche,
Nous faites en passant la tête toute blanche!
Roseaux qui de la terre exprimez tout le miel[3],
125 Où passe avec des sons si doux le vent du ciel!
Ile au brûlant climat, aux molles habitudes,
Ah! le ciel sait combien j'aime tes solitudes!
Et cependant vos bois, vos montagnes, vos eaux,
Vos lits d'ombre ou de mousse au fond de vos berceaux,
130 Vos aspects les plus beaux, dont mon œil est avide,
Me laissent toujours voir quelque chose de vide,
Comme si de ces mers, de ces monts, de ces fleurs,
Le corps était ici, mais l'âme était ailleurs!

NINA, *à ses compagnes.*

Vous souvient-il, mes sœurs, de la blanche jalouse,
135 Fière de sa couleur, et de son nom d'épouse,
Son œil pour nous punir d'attirer un regard
Contre notre beauté se tournait en poignard?
«Des verges! Flétrissez cette insolente esclave
Dont la grâce m'insulte et la beauté me brave.
140 Vengez-moi, frappez-la jusqu'à ce que son front
De ma race vaincue ait expié l'affront!»

CHŒUR DE NÉGRESSES.

Bah! bah! bah! maintenant, en toute paix, madame,
Possédez un époux qui n'est plus disputé.
Les bras de nos guerriers ont affranchi notre âme.
Gloire à Toussaint! Vive la liberté!

CHŒUR DE NÈGRES *dans le lointain.*

145 Vive la liberté!

SCÈNE DEUXIÈME

LUCIE et ADRIENNE.

LUCIE *se lève et s'approche du devant de la scène avec Adrienne.*

Entends-tu de sang-froid ces cris de délivrance

---

3 Périphrase digne de l'abbé Delille pour qualifier la canne à sucre.

Qui volent sur les mers en insultant la France?

ADRIENNE.

La France?

LUCIE.

Tu pâlis, comme si dans ton cœur
Le nom de nos tyrans sonnait encor la peur!
150 Ne crains rien; Haïti secouant ses entraves
Pour ces rois détrônés n'enfante plus d'esclaves
La mer qui les portait les a remportés tous;
L'Océan et la mort roulent entre eux et nous!

ADRIENNE.

Le flot qui repoussa leurs vaisseaux de nos plages
155 N'entraîna-t-il donc qu'eux vers leurs cruels rivages?

LUCIE.

Que veux-tu dire?

ADRIENNE.

Écoute, et laisse-moi t'ouvrir
Une âme où l'amitié n'a pu tout découvrir;
Où je ne découvris que jour à jour moi-même
Le secret grandissant de ma tristesse extrême.
160 Comme on ne voit au fond des abîmes flottants
Qu'en y penchant la tête et regardant longtemps,
L'ombre de ma pensée ainsi s'est éclaircie.
Tu connais ma naissance, ô ma chère Lucie!
Enfant abandonné, fruit d'un perfide amour,
165 De la sœur de Toussaint ayant reçu le jour,
Le sang libre des blancs, le sang de l'esclavage,
Ainsi que dans mon cœur luttent sur mon visage
Et je sens y revivre, en instincts différents,
La race de l'esclave et celle des tyrans.

LUCIE.

La race des tyrans! que lui dois-tu?

ADRIENNE.

170 La vie!

LUCIE.

Oui, mais par un ingrat une mère trahie,
Expirant de douleur au départ des Français;
Un père que tes yeux ne reverront jamais,
Qui jamais vers ces bords ne tourna sa pensée,
175 Qui ne se souvient pas de t'avoir délaissée,
Comme en cueillant la fleur au buisson, le passant
Laisse, sans y songer, une goutte de sang!

ADRIENNE.

Il est vrai; mais le sang se souvient de sa source,
Le temps m'éloigne en vain de ce jour dans sa course,
180 L'image de ce blanc me poursuit nuit et jour;
En vain à mon pays je dois tout mon amour!
Ma mémoire chassant cette image obstinée
Se refuse à haïr celui dont je suis née.
Je me le représente avec des traits si doux,
185 Avec un cœur si juste et si clément pour nous,
Avec tant de vertus qui rachètent sa race,
Qu'en songe bien souvent ma tendresse l'embrasse,
Et que lui confiant mes secrètes douleurs
Son portrait sous mes yeux se voile de mes pleurs!

LUCIE.

Son portrait?

ADRIENNE.

190 Oui: ma mère, unique et dernier gage,
Le portait sur son cœur, et c'est son héritage;
À la haine des noirs je le cache à mon tour
Contre ce cœur d'enfant qu'il fait battre d'amour.
Si jamais je quittais les climats où nous sommes,
195 Je le reconnaîtrais seul entre tous les hommes.
Quand ma mère mourut, de sa douleur, hélas!
Toussaint, le bon Toussaint, me reçut dans ses bras:
«Prends, dit-il à sa femme, un surcroît de famille;
Dieu nous donna deux fils, il nous donne une fille.
200 Cette enfant du sang blanc, crime d'un ravisseur,

A puisé l'existence au pur sein de ma sœur.
Va, quand de la brebis la portée est jumelle,
Dieu double pour ses fruits le lait dans sa mamelle.»
Ma tante consentit à ce pieux dessein,
205 Et, comme son enfant, me reçut sur son sein.
Comme leur propre sœur ses deux fils m'embrassèrent;
Ma vie et leur tendresse ensemble commencèrent.

LUCIE.

D'un cœur reconnaissant tu les aimas tous deux?

ADRIENNE.

Oui, mais je me sentais bien plus sœur de l'un d'eux.

LUCIE.

210 Isaac, le plus jeune, est l'amour de sa mère.

ADRIENNE.

Non, Albert, le plus grand, est l'orgueil de son père.
Je ne sais quel instinct m'attirait plus vers lui,
Comme si mon étoile à son front avait lui.
Albert aussi m'aimait, je veux du moins le croire,
215 J'étais son amitié, comme il était ma gloire.
Quand l'un était absent, l'autre cherchait toujours;
Nos yeux s'entretenaient des heures sans discours.
Le petit Isaac, inhabile à comprendre,
D'un sentiment jaloux ne pouvait se défendre;
220 Il nous disait tout triste, avec son humble voix:
«Pourquoi suis-je tout seul lorsque nous sommes trois?»
O jours délicieux! ô ravissante aurore
De deux cœurs où l'amour rayonne avant d'éclore!
Jeux naïfs de l'enfance, où le secret surpris
225 Se trahit mille fois avant d'être compris!
Pas qui cherchaient les pas, mains dans les mains gardées;
Confidences du cœur dans les yeux regardées;
Promenades sans but sur des pics hasardeux,
Où l'on se sent complet parce que l'on est deux;
230 Source trouvée à l'ombre où la tête se penche;
Fruits où l'on mord ensemble en inclinant la branche;
Une heure effaça tout. Le jour vint; il partit...
Je restai seule au monde, et tout s'anéantit.

LUCIE.

S'il t'aimait, à partir quoi donc pût le résoudre?

ADRIENNE.

235 L'ordre de son départ tomba comme la foudre.
C'était aux premiers temps où de la liberté
Le triomphe indécis n'était pas remporté;
Où les restes des blancs, refoulés dans nos villes,
Achevaient de s'user dans les guerres civiles.
240 Toussaint, quoique vainqueur, modeste en ses succès,
Se proclamait encor le sujet des Français.
Des destins d'Haïti pour demeurer l'arbitre,
Et du commandement pour conserver le titre,
Il fallait, s'entourant d'artifices adroits,
245 Les chasser de nos ports en respectant leurs droits,
Afin que leur exil, paré de déférence,
D'un départ volontaire eût encor l'apparence.
Le temps fatal pressait Toussaint irrésolu,
Quelques noirs hésitaient; un traité fut conclu.
250 Toussaint, faisant céder le père au politique,
Jura fidélité fausse à la république,
Et pour mieux la tromper, de ses bras triomphants,
En otage aux vaincus il remit ses enfants.
«Que la France, dit-il, à présent soit leur mère,
255 Et si je la trahis qu'ils détestent leur père!»
La liberté reçut cet holocauste affreux;
En immolant ses fils, il s'immolait pour eux.
L'escadre dans la nuit s'évanouit sur l'onde;
Mon cœur depuis ce jour, vit en un autre monde...

LUCIE.

260 Eh quoi! de temps en temps nul récit ne vient-il
T'entretenir au moins de leur sort dans l'exil?
Quelque tendre mémoire aux vagues confiée
N'aborde-t-elle pas?

ADRIENNE.

Non; je suis oubliée!
Quelle place veux-tu que tienne dans son cœur
265 Ce vain amour d'enfant dont rit le blanc moqueur?
Cette petite fille à la peau presque noire,
Qui fait, s'il s'en souvient, repentir sa mémoire;

*[4] Qui marche les pieds nus, qui travaille des mains,
* Qui cueille sa parure aux buissons des chemins,
270 * Et qui n'a pour orner ses bras et ses oreilles
* Qu'un rang de coquillage on de graines vermeilles;
Lui qui vit au milieu des blanches dont le teint
Des couleurs de la neige et de l'aube se peint;
Qui les voit, aux rayons des flambeaux de leurs fêtes,
275 Des feux des diamants faire éblouir leurs têtes
Et rouler en chars d'or de palais en palais.
Ces reines de son cœur!... oh! Dieu, que je les hais!
Écoute; on dit tout bas, oh! mais on ment, j'espère,
Que ces fils transplantés rougissent de leur père!... [5]
280 Qu'ils croient, d'un lâche orgueil écoutant les conseils,
Des blancs, par ce mépris, devenir les pareils!
On dit qu'en rois futurs, nourris de flatteries,
On les tient en suspens entre les deux patries,
Destinés par les blancs à faire, à leur merci,
285 Des esclaves là-bas on des tyrans ici!
Que le premier consul, sensible par adresse,
Pour ses desseins futurs à son geste les dresse;
Et qu'Albert, subissant sa fascination,
Voit en lui père, mère, et race et nation.
290 On dit plus! ... Une sœur du héros de la France
Semble le regarder d'un œil de préférence,
Et comme un grain de jais qui relève un collier,
Fière parmi sa cour le voit s'humilier.
Le crois-tu?...

SCÈNE TROISIÈME

ADRIENNE, LUCIE, PÉTION, NÈGRES, NÉGRESSES, MATELOTS, AIDES DE CAMP, ARTILLEURS, etc.

Un mouvement subit et général a lieu au fond de la scène. — Les noirs, hommes et femmes, se précipitent vers un rocher élevé qui domine la mer; ils regardent l'horizon en se montrant les uns aux autres quelque chose du geste. — Lucie et Adrienne, interrompues par ce mouvement et par ces cris, suivent le groupe des noirs et regardent la mer comme eux. — Un noir passe en courant vers le quartier général et crie.

---

4 Placé en début de vers, l'astérisque signifie que le vers a été supprimé à la représentation.

5 Il faut comprendre de leur ascendance noire, en fait généralement maternelle dans le cas des Mulâtres.

UN NÈGRE.

Des vaisseaux!

Il disparaît.

UNE NÉGRESSE.

Quel nuage de voiles!

UN AUTRE NÈGRE.

295 Il s'en lève sur l'onde, autant qu'au ciel d'étoiles.

UNE ORDONNANCE *de Toussaint.*

Allumez les signaux!

UN AIDE DE CAMP *mulâtre de Toussaint.*

Canonniers! à vos camps!

UNE NÉGRESSE, *montrant du doigt les montagnes.*

Les mornes allumés sont autant de volcans.

UN NÈGRE.

Pour l'escadre qui vient chercher un peuple esclave
Des volcans d'Haïti que la mort soit la lave![6]

LUCIE.

300 Dieu! quelle affreuse aurore après des nuits de paix!

ADRIENNE, *regardant la mer.*

Que la ligne est immense et que les rangs épais!
Du cap de Samana jusqu'à la Pointe-à-Pile[7]
L'Océan tout entier semble marcher sur l'île.

---

6 Image poétique, puisqu'il n'y a pas de volcans dans l'île.

7 Le cap de Samana se trouve sur la côte nord de l'île, aujourd'hui en territoire dominicain; Pointe-à-Pile ne se trouve dans aucun répertoire géographique haïtien ou dominicain. Il serait de toute façon impossible, à partir des Gonaïves, de voir les Français débarquer sur la côte nord.

UN NÈGRE.

Des milliers de canons brillent dans les sabords!

ADRIENNE.

305 Un peuple menaçant vient foudroyer ces bords!

PÉTION, *à un matelot noir.*

Au port Saint-Nicolas[8] portez l'ordre du maître;
Qu'on grée un aviso; — qu'on aille reconnaître
Combien de grands vaisseaux et sous quels pavillons.
Courez! de l'Océan sondez tous les sillons!
310 Point de voile! Courbez trente hommes sur les rames,
Plongez comme un requin sous l'écume des lames;
Et si quelque vaisseau tire ou marche sur vous,
Plutôt que d'être pris, sombrez! noyez-vous tous!

LE MATELOT.

Notre vie est à lui comme au Maître suprême;
315 La volonté du ciel et du chef, c'est la même.
Avant que ces oiseaux au bord soient revenus,

En montrant des albatros.

Nous serons de retour ou nous ne serons plus.

SCÈNE QUATRIÈME

LES PRÉCÉDENTS, MOÏSE et MAZULIME.

MOÏSE, *amenant Mazulime sur le devant de la scène.*

Vois-tu dans cette tour une lampe immobile?

MAZULIME.

La lampe de Toussaint! C'est l'étoile de l'île;
Sa clarté nous conduit à la gloire!

---

8 Aujourd'hui Môle Saint-Nicolas.

MOïSE.

320 Crois-tu?
Avant de l'adorer, je veux voir la vertu,
Moi! je veux conserver, sans lui faire une offense,
Ma part dans le conseil comme dans la défense;
Et savoir si le plan d'un chef dur et hautain
325 Contre un pareil péril est un rempart certain?
Peut-être...

MAZULIME.

Parlons bas...

MOïSE.

Ami, je m'inquiète
De cette ambition dans une seule tête!
Serviles instruments de coupables projets,
De ce nouveau tyran sommes-nous les sujets?
330 À l'affront de servir si la loi nous oblige,
Qu'il cache donc au moins la main qui nous l'inflige;
Que devant les dangers de la patrie en deuil
Il humilie au moins son impudent orgueil!
Car, quel que soit le nom dont sa main nous décore,
335 S'il est le maître ici, c'est l'esclavage encore!

MAZULIME.

Nous! esclaves d'un noir!

MOïSE.

D'un ancien compagnon!

MAZULIME.

Tant de sang répandu!

MOïSE.

Pour n'illustrer qu'un nom!

MAZULIME.

En repoussant les blancs du sol qui nous vit naître[9],
N'avons-nous donc ici fait que changer de maître?

MOïSE.

340 S'il faut aux mains d'un maître abdiquer tous nos droits,
Qu'il ait un autre sang! qu'il ait une autre voix!
Qu'il nous vienne de loin! et que sa foi parjure
Ne soit par pour nous tous une éternelle injure!
Moindre sera l'affront de fléchir les genoux
345 Si ce maître nouveau n'est pas noir comme nous!

MAZULIME.

Sur la face d'un homme on peut voir sa pensée.

MOïSE.

Allons donc à Toussaint!

MAZULIME.

Si ta haine insensée
Allait trouver un frère où tu crains un tyran?

MOïSE.

Pour les jours de danger qu'il ait le premier rang!

Ils sortent.

SCÈNE CINQUIÈME

LES MÊMES, moins MOïSE et MAZULIME.

PÉTION, *à un artilleur de la batterie, en lui montrant la fenêtre de Toussaint.*

350 Attention là-haut! — La mèche au premier signe!
Feu du canon de nuit! feu sur toute la ligne!

---

9 Mazulime parle donc au nom des Noirs créoles (nés à Saint-Domingue), et non pas des «bossales» nés en Afrique comme environ la moitié de la population domingoise de couleur en 1790.

De la grève au Chaos[10] qu'il tonne coup sur coup,
Et qu'avant qu'il se taise Haïti soit debout!

Se tournant vers le groupe de noirs et de négresses, et vers Lucie et Adrienne.

Et vous, que faites-vous à suivre le nuage
355 D'où va tomber sur nous la mort ou l'esclavage?
Dispersez-vous. — Courez partout semer le bruit
Du danger découvert sous cette horrible nuit,
Et vous montrer aux yeux d'un amant ou d'un père
Pour que la liberté leur devienne plus chère!

FIN DU PREMIER ACTE.

---

10 La chaîne des Chaos se trouve à l'est des Gonaïves.

ACTE DEUXIÈME

L'intérieur de la tour élevée qui sert de cabinet et d'observatoire à Toussaint Louverture. Au milieu, une table encombrée de cartes et de papiers et éclairée par une lampe de fer. À droite, un prie-Dieu surmonté d'un crucifix. À gauche, auprès d'une porte secrète, un meuble garni de vases et de corbeilles. Au fond, à droite, une grande porte cintrée. À gauche, une fenêtre tendue d'un store.

SCÈNE PREMIÈRE

TOUSSAINT, *seul. Il se promène à pas interrompus et inégaux.*

360 Enfin la voilà donc, cette heure redoutable
Que mes prévisions jugeaient inévitable!
En vain j'ai supplié Dieu de nous l'épargner;
Pour décider de nous elle devait sonner!
Entre la race blanche et la famille noire,
365 Il fallait le combat puisqu'il faut la victoire!...

Il s'arrête un moment.

À quelle épreuve, ô ciel! cette nuit me soumet!
J'ai monté, j'ai monté... voilà donc le sommet
Où mon ambition, de doutes assiégée,
Par ma race et par Dieu va demeurer jugée:
370 Moïse ainsi monta chercher au Sinaï
Quelle route suivraient les fils d'Adonaï.
Du haut de sa terreur et de sa solitude,
Il vit là le Jourdain et là la servitude.
Dans une heure semblable à mon anxiété,
375 Il y mourut d'angoisse et de perplexité!
Et Jéhova pourtant visitait son prophète,
Il conduisait son peuple, il marchait à sa tête!
Et moi?... Non, non, pardonne, ô Dieu, si j'ai douté!
Ne marches-tu donc pas devant la liberté?
380 En vain dans tes secrets notre destin repose.
Le plus sûr des drapeaux, c'est une juste cause!
Oui, tu m'as suscité sur cette nation.
Ton oracle? Ce fut sa profanation;
Ce fût dans tes enfants ton image offensée:

385 L'instinct qui venge l'homme est toujours ta pensée!
Prends courage, Toussaint, voilà ton Sinaï!
Dieu se lève vengeur dans ton peuple trahi!

Il fait quelques pas rapides comme soulevé par l'enthousiasme intérieur et retombe ensuite à genoux.

Dans un pauvre vieux noir, cependant, quelle audace
De prendre seul en main la cause de sa race,
390 Et de se dire: Un mot, qui de ma bouche sort
D'un peuple tout entier fixe à jamais le sort!...
Dans mes réflexions, du mot fatal suivies,
Je pèse avec la mienne un million de vies!
Si j'ai mai entendu... si j'ai mal répété
395 L'ordre du Dieu!... malheur à ma postérité!
Dieu ne donne qu'une heure à notre délivrance,
Opprobre à qui la perd! mort à qui la devance!

Il s'agenouille sur le prie-Dieu, devant le crucifix, et pleure.

Ah! combien j'ai besoin d'intercéder celui
Dont l'inspiration sur tous mes pas a lui.

Il prie.

400 Crucifié pour tous! symbole d'agonie
Et de rédemption!...

Il s'interrompt et reprend avec amertume.

Quelle amère ironie!
Où se heurte mon cœur lorsque je veux prier?
Quoi! c'est le Dieu des blancs qu'il nous faut supplier?
Ces féroces tyrans, dont le joug nous insulte,
405 Nous ont donné le Dieu que profane leur culte;
En sorte qu'il nous faut, en tombant à genoux,
Écarter leur image entre le ciel et nous!
Eh bien, leur propre Dieu contre eux est mon refuge!
Il fut leur rédempteur, mais il sera leur juge!
410 La justice à ses yeux n'aura plus de couleur,
Puisqu'il choisit la croix, il aima le malheur.

Il recommence à prier.

Toi qui livras ton sang pour racheter ta race,
Donne-moi par ta mort le courage et la grâce!

Il se relève et dit lentement.

Avec quelle bonté du bas de mon chemin,
415 Jusqu'à cette puissance, il m'a pris par la main!
La force du Seigneur ne connaît pas d'obstacles:
C'est de notre néant qu'il tire les miracles!

Entendant du bruit à la porte du fond.

Mais, lorsque je dois seul l'écouter aujourd'hui,
Quelqu'un vient se placer entre mon âme et lui?

SCÈNE DEUXIÈME

TOUSSAINT, MAZULIME et MOïSE.

TOUSSAINT, *étonné, s'avance vers eux, et, après les avoir regardés avec surprise et attention.*

Sans mes ordres ici qui vous amène?

MAZULIME .

420 Un doute!

TOUSSAINT, *à lui-même.*

Je les devine, ils vont trébucher sur ma route.
Toujours quand un grand cœur médite un grand élan,
La prudence et la peur lui compriment le flanc.

Haut.

On doute?... Est-ce de moi, des noirs ou de leur cause?
425 Mais douter, c'est trahir!... Voyons!

MOïSE, *à Mazulime.*

Parle!

MAZULIME, *à Moïse.*

Je n'ose!
Je crains d'en trop peu dire ou j'ai peur d'offenser.

Un long silence d'embarras.

TOUSSAINT, *avec ironie.*

Êtes-vous donc venus pour m'aider à penser?

MOïSE.

Non, général! Pourtant, dans ces grandes alarmes,
La pensée est à tous aussi bien que les armes!
430 Oses-tu sur toi seul prendre un destin pareil?
Un homme quel qu'il soit vaut-il seul un conseil?
Lorsqu'il s'agit du sort de nations entières,
Veux-tu tout décider sans consulter tes frères,
Sans même interroger l'instinct du bien commun
435 Plus infaillible en tous qu'il ne peut l'être en un?
Conseil des nations plus sûr que tout grand homme,
Congrès en Amérique ou grand sénat dans Rome.
Prêt à prendre pour tous un parti clandestin,
Oseras-tu lutter seul avec le destin?
440 Et si Dieu, pour un jour, te retirait sa grâce,
À la postérité répondre d'une race?
Est-ce faiblesse ou force à l'heure du danger
D'appeler d'autres yeux à tout envisager?
De convoquer le peuple en un moment suprême,
445 Et de lui dire: «Vois, décide et fais toi-même:
Dieu qui parle dans tous est plus sage que moi,
Je puis vivre et mourir, mais non juger pour toi.»

TOUSSAINT, *à Mazulime, avec mépris.*

Et toi?

MAZULIME.

Moi, général, sur une tour si haute
Je craindrais le vertige... et, tremblant que ma faute
450 N'entraînât avec moi tous ceux que je conduis,
Mon esprit dans leurs chefs chercherait des appuis;
Je dirais: «C'est au peuple à faire son histoire,

Salut ou perte à tous et non à ma mémoire!»
Je frémirais de prendre un peuple dans ma main;
455 Car j'en répondrais seul au Dieu du genre humain!

TOUSSAINT, *les prenant avec bonté chacun par une main.*

Écoutez... je comprends à tous deux votre idée,
Et mon âme en secret en était obsédée.
Je me suis dit cent fois: «Pauvre vieux vermisseau,
Comment! toi, sur un peuple oser mettre ton sceau!
460 Répondre à Dieu là-haut, à cette île, aux deux mondes,
D'une race de plus que toi seul perds ou fondes?
Être à toi seul son bras? et toi seul dans ton sein
De l'affranchissement porter le grand dessein?
C'est trop pour un mortel, c'est démence ou blasphème,
465 C'est usurper d'un coup sur l'homme et sur Dieu même!
Sur Dieu?...» Puis sur mes pas revenant un moment:
«Sur Dieu?... Si par hasard j'étais son instrument?
Il agit seul, c'est vrai, mais il agit par l'homme:
Nul ne sait de quel nom dans un peuple il se nomme!
470 Moïse, Romulus, Mahomet, Washington!...
Qui sait parmi les noirs s'il n'aura pas mon nom?»
Alors, envisageant ma destinée étrange,
Un soupçon de grandeur s'éleva dans ma fange,
Je me dis, mesurant ma marche de si bas:
475 «Un miracle est écrit sur chacun de mes pas!
Pourquoi, quand je ne vois que prodige en arrière,
N'en aurais-je pas un au bout de ma carrière?»
Alors un grand espoir entra dans mon esprit...

MAZULIME, *bas à Moïse.*

Dans son œil inspiré le miracle est écrit.

TOUSSAINT.

480 * Quand l'orage d'idée éclata sur cette île,
* Je vivais à Jacmel[1] dans un état servile;
* Je ne sais quel esprit par mon nom m'appela,
* Me cria: «C'est ton heure!» et je dis: «Me voilà!»
* Soit qu'en certains de nous la force intérieure
485 * Leur assigne la tâche et leur indique l'heure,
* Soit que la force en eux, provienne de leur foi,
* De cet ordre du ciel, que l'on entend en soi,

---

1 Ville du sud d'Haïti.

* Je ne doutai jamais; cela semblait démence
* De faire, moi petit, je ne sais quoi d'immense;
490 * Et, chose singulière... une intime splendeur
* D'un peuple sur mon front fit luire la grandeur;
* Malgré mes traits flétris et malgré l'esclavage,
* L'éclat de mon destin brilla sur mon visage;
* La puissance du cœur par mes yeux déborda:
495 * Je rampais dans la foule et l'on me regarda.
Un jour, un capucin, un de ces pauvres pères
Colporteurs de la foi, dont les noirs sont les frères,
En venant visiter l'atelier de Jacmel
S'arrêta devant moi comme un autre Samuel:
500 «Quel est ton nom? — Toussaint. — Pauvre mangeur d'igname,
C'est le nom de ton corps; mais le nom de ton âme,
C'est Aurore, dit-il... — Oh! mon père, et de quoi?
— Du jour que Dieu prépare et qui se lève en toi!»
Et les noirs ignorants, depuis cette aventure,
505 En corrompant ce nom m'appellent Louverture[2].
Ce moine baptisait en moi la liberté;
Je ne l'ai plus revu, son nom fut vérité.
Aux lointaines lueurs que ce mot me fit luire,
Ignorant, je sentis le besoin de m'instruire.
510 Un pauvre caporal d'un de leurs régiments,
Des sciences des blancs m'apprit les éléments.
Je réduisais d'un sou ma vile nourriture
Pour payer jour par jour ses leçons d'écriture.
Sitôt que le rideau de mes yeux fut levé,
515 Je vis plus clairement ce que j'avais rêvé;
La volonté me vint avec l'intelligence,
Je sentis mieux le juste et conçus la vengeance.
* Les noirs pour leur couleur n'avaient que du mépris;
* Pour prendre autorité sur ces faibles esprits,
520 * Il fallut emprunter à nos tyrans eux-mêmes
* La force dont leur sang était pour nous l'emblème.
Parmi les Espagnols de l'île je m'enfuis;
Au métier des combats avec eux je m'instruis,
Je paye avec mon sang les grades que j'achète,
525 Le marquis d'Hermona m'accorde l'épaulette[3];
L'indépendance enfin me donne le signal:
J'étais parti soldat, je revins général.
* On me suit: les Français, minés par la discorde,

---

2 On a beaucoup spéculé sur l'origine du surnom de Toussaint, mais aucune théorie n'est vraiment convaincante.

3 Le marquis Matías de Hermona commanda effectivement les troupes de l'ouest et du sud de la partie espagnole de l'île. Toussaint Louverture servit sous ses ordres.

* Acceptent humblement le pacte que j'accorde;
530 * Ils s'embarquent laissant un homme de ma peau,
* Un diadème au front caché par mon chapeau.
Ma double autorité tient tout en équilibre;
Gouverneur pour le blanc, Spartacus pour le libre,
* Tout cède et réussit sous mon règne incertain,
535 * Je demeure indécis ainsi que le destin,
* Sûr que la liberté, germant sur ces ruines,
* Enfonce en attendant d'immortelles racines.

Il se tait un moment.

Mais si la France envoie un maître à des sujets,
Elle fait elle-même éclater mes projets:
Esclave ou tout-puissant.

MOïSE, *bas à Mazulime.*

540 Ce mot seul le révèle.
Tout-puissant! entends-tu?... Ma crainte était réelle.

TOUSSAINT.

Douteriez-vous encore?

MOïSE, *ironiquement.*

Il nous est démontré
Qu'un citoyen loyal en vous s'est rencontré.

Ils sortent.

TOUSSAINT.

Je veillerai sur eux!...

Il va à la fenêtre et lève le store.

SCÈNE TROISIÈME

TOUSSAINT, ADRIENNE.

TOUSSAINT, *entendant frapper à la porte de son cabinet, s'avance pour ouvrir.*

À la porte secrète,
545 Qui donc sans qu'on l'appelle affronte ma retraite?

ADRIENNE, *entr'ouvrant la porte et avançant timidement la tête.*

Mon oncle!

TOUSSAINT.

Ah! c'est ma fleur de bénédiction,
L'étoile qui blanchit mes nuits d'affliction!
Entre, ma chère enfant, ton œil serein m'inspire.
J'aime à consulter Dieu dans ton charmant sourire.
550 Depuis que mon Albert fut éloigné de moi,
Tout mon amour de père est retombé sur toi.
* Ta tendresse est pour moi la racine cachée
* Par qui je tiens encore à la terre séchée.
* Entre comme un présage heureux pour le dessein
555 * Encore irrésolu qui couve dans mon sein.
Mais pourquoi veilles-tu si tard, mon Adrienne,
Quand tu devrais dormir, confiante et sereine,
Comme Moïse enfant dormait dans son berceau,
Que la bonté de Dieu fit surnager sur l'eau?
Ne crains rien!

ADRIENNE.

560 Mais, mon oncle, oserai-je introduire
Quelqu'un qui m'a prié vers vous de le conduire?

TOUSSAINT.

À cette heure? Quelqu'un? Quel mystère imprévu!
Parle! sais-tu qui c'est?

ADRIENNE.

Je ne l'ai jamais vu.
C'est un moine couvert d'un vêtement de bure

565 Dont un capuchon blanc ombrage la figure;
Il a trompé la garde en passant au milieu;
Il demande à vous voir en hâte au nom de Dieu.

TOUSSAINT.

Qu'il entre à ce saint nom; toi, demeure à la porte.

À part.

L'innocence et la foi sont une sûre escorte:

Adrienne sort.

570 D'ailleurs, malgré l'habit et tous les faux semblants,
Je saurais démasquer un espion des blancs. *4

SCÈNE QUATRIÈME

TOUSSAINT, LE PÈRE ANTOINE.

Le moine s'avance à pas lents et relève son capuchon quand il est à deux pas de Toussaint.

LE MOINE.

C'est moi!... Reconnais-tu, chef qu'un peuple révère,
Celui que tu connus quand tu rampais à terre?
Celui qui t'a tracé le sentier de tes pas,
575 Et qui t'a dit ton nom, que tu ne savais pas?

TOUSSAINT, *le regardant avec stupeur.*

Sa couronne a blanchi, mais c'est lui!... c'est le moine
Que je vis à Jacmel.

LE MOINE.

Oui! moi, le père Antoine.

TOUSSAINT, *à part.*

Je me sens devant lui tout saisi de respect.

---

4 Placé en fin de vers, l'astérisque signifie un ajout ou une suppression sur l'édition originale.

Au moine.

Mon père, comprenez mon trouble à votre aspect.
580 Fier de ma mission, effrayé de la vôtre,
Je ne sais de nous deux qui doit respecter l'autre.
Oui, je vous reconnais, et je tombe à genoux.
Votre nom m'a prédit; Dieu voit et parle en vous!

LE MOINE, *relevant Toussaint.*

Dieu parle, mon enfant, dans toute créature;
585 C'est un oracle sûr qu'une grande nature.
Ton front portait écrit l'avènement du noir;
Le prophète était toi, je n'ai fait que te voir.

TOUSSAINT.

Dieu ne fait voir ainsi qu'au regard qu'il dessille.
Gloire à l'esprit des saints où sa lumière brille!
590 Mon sort m'était caché, vous m'êtes apparu...

LE MOINE.

Ton destin s'obscurcit, et je suis accouru.

TOUSSAINT.

Hélas! ma volonté que travaille un grand doute
N'eut jamais plus besoin d'un éclair sur ma route.

LE MOINE.

Je le sais.

TOUSSAINT.

Vous, mon père? et qui donc vous l'apprit?

LE MOINE.

595 Ma pensée invisible est avec ton esprit.
Je t'ai suivi de l'œil des fers au rang suprême.
Je t'aime, roi des noirs, parce que mon Dieu t'aime;
Parce que l'avenir du quart de ses enfants
Repose avec sa foi sur tes bras triomphants.

TOUSSAINT.

600 Mais vous n'êtes pas noir! Mais vous n'êtes pas traître
À vos frères les blancs?

LE MOINE.

Je sers un autre maître
* Qui ne connaît ni blancs, ni noirs, ni nations,
* Qui s'indigne là-haut de ces distinctions,
* Qui d'un égal amour dans sa grandeur embrasse
605 * Tous ceux qu'il anima du souffle de sa grâce,
Qui ne hait que l'impie et les persécuteurs,
Et soutient de son bras les bras libérateurs.
Levant les mains vers lui pendant la sainte lutte,
Je suis de la couleur de ceux qu'on persécute!
610 Sans aimer, sans haïr les drapeaux différents,
Partout où l'homme souffre il me voit dans ses rangs.
Plus une race humaine est vaincue et flétrie,
Plus elle m'est sacrée et devient ma patrie.
J'ai quitté mon pays, j'ai cherché sous le ciel
615 Quels étaient les plus vils des enfants d'Israël,
* Quels vermisseaux abjects, d'un talon plus superbe
* Le pied des oppresseurs écrasait nus sur l'herbe;
* J'ai vu que c'était vous! vous sur qui votre peau
* Du deuil de la nature étendit le drapeau;
620 * Vous, insectes humains, vermine au feu promise,
* Contre qui la colère aux plus doux est permise,
* Que le plus vil des blancs peut encor mépriser,
* Que le fou peut railler, que l'enfant peut briser,
* Qu'un revendeur de chair vend, colporte et transplante,
625 * Comme un fumier vivant qui féconde une plante;
* Sans pères, sans enfants, nomades en tout lieu,
* Hors la loi de tout peuple et hors la loi de Dieu;
* À qui, dans l'intérêt de sa prééminence,
* Le blanc comme un forfait défend l'intelligence,
630 * De peur qu'on ne vous montre, au livre du Sauveur,
* Que les blancs ont un juge et les noirs un vengeur!
Je vis dans votre sort ma mission écrite;
Je jurai de servir votre tribu proscrite,
Et, pour premier bienfait de mon affection,
635 Je vous portai, mon fils, la résignation.
Je vous dis d'imiter l'esclave du Calvaire,
D'appeler la justice et non de vous la faire.
* La justice à la fin se leva sur vos pas.
* La discorde des blancs eut besoin de soldats.

640 * Les Français, assiégés de périls et d'alarmes,
* Avec la liberté vous donnèrent des armes.
* Contre l'oppression le besoin protesta;
* Le Français disparut, la liberté resta.
Moi, cependant, fuyant dans le midi de l'île
645 L'impiété des blancs qui chassaient l'Évangile,
Parmi les Espagnols j'allai cacher ma foi.
La renommée y vint et me parla de toi.
J'appris que sous ta main, ta race protégée
Proscrivait l'injustice après l'avoir vengée;
650 Que les blancs, de la mort sauvés par leur vainqueur,
Reconnaissaient un maître aux vertus de ton cœur;
Qu'ils cultivaient en paix le commun héritage
Dont tu n'avais voulu que le juste partage;
Que tu rendais le Christ à ses autels fumants,
655 Et je bénissais Dieu dans ces grands changements!
Quand du sommet du cap qui divise la plage,
De voiles sur la mer j'aperçus le nuage,
Je pressentis ton trouble, et par Dieu seul cité,
J'apporte son esprit à ta perplexité.

SCÈNE CINQUIÈME

LES MÊMES, UN MATELOT MULÂTRE, PÉTION.

TOUSSAINT, *au matelot.*

Eh bien?

PÉTION.

660 Mon général, cet homme est le pilote
Que votre ordre envoya reconnaître la flotte.
Sans être découvert il a revu le port.

TOUSSAINT.

En termes clairs et brefs qu'il fasse son rapport.

Au matelot.

Parle!

LE MATELOT.

Le vent soufflait et la mer était haute;
665 Nous cinglâmes à l'est sous l'ombre de la côte.

TOUSSAINT.

Que m'importent les vents et la mer! Les vaisseaux?
Combien?

LE MATELOT.

Maître, soixante au moins.

TOUSSAINT.

Dans quelles eaux?

LE MATELOT.

Dans les eaux d'Haïti, demain avant l'aurore.

TOUSSAINT.

L'amiral?

LE MATELOT.

Un trois-ponts.

TOUSSAINT.

Le drapeau?

LE MATELOT.

Tricolore.

TOUSSAINT.

670 Ces vaisseaux semblaient-ils porter du monde à bord?
Des canons?

LE MATELOT.

Ils prenaient de l'eau jusqu'au sabord.

TOUSSAINT, *calculant sur ses doigts.*

Pour transporter de Brest à la mer où nous sommes
Soixante voiles!... Huit! C'est quarante mille hommes!...
Quelques sons par le vent étaient-ils apportés?

LE MATELOT.

La *Marseillaise* et l'air de *Ça ira*.

TOUSSAINT.

675 Sortez!

Au moine.

Je n'en puis plus douter. La guerre ou l'esclavage!
Je couvrirai de fer et de feu ce rivage.

SCÈNE SIXIÈME

TOUSSAINT, LE PÈRE ANTOINE, DESSALINES.

DESSALINES.

Un esquif qui cherchait à se glisser au port
Avait ces imprimés et cette lettre à bord.
680 J'ai fait du grand écueil retirer la balise.

TOUSSAINT.

Dessalines, donnez... Allez, que je les lise.

SCÈNE SEPTIÈME

TOUSSAINT, LE PÈRE ANTOINE.

TOUSSAINT *dépose les papiers sur la table et lit d'abord l'adresse de la lettre, puis il l'ouvre, court de l'œil à la signature et s'écrie en élevant la lettre avec orgueil dans sa main.*

Bonaparte!

LE MOINE.

Qu'un nom a sur nous de pouvoir!

TOUSSAINT.

Lui, le premier des blancs, moi, le premier des noirs!
Ta fierté jusqu'ici n'était pas descendue.
685 À prendre cette main que je t'avais tendue!
Mais puisqu'il reconnaît à la fin son égal,
Voyons si le langage est digne.

Il lit.

«Général,»

À part.

C'est la première fois que sur moi cet arbitre
Du destin des Français laisse tomber ce titre.
690 Son orgueil à la fin fléchit devant le mien!

LE MOINE.

Ou bien, pour te séduire, il exalte le tien.

TOUSSAINT, *lisant.*

Général, revêtu de la force publique,
Par le vœu de l'armée et de la République,
Après avoir vaincu, pacifié, soumis;
695 Sur terre sans rival, sur mer sans ennemis;
J'ai porté mes regards vers la terre où vous êtes;
Là m'attendent aussi d'importantes conquêtes.

Il s'arrête avec susceptibilité, puis reprend.

Oui, je veux conquérir, mais à la liberté,
La race qui m'ignore et qui vous a porté.
700 Des droits qu'elle a rêvés, oui, cette race est digne,
Mais, pour qu'ils soient sacrés, il faut que je les signe.»
L'insolent! c'est un dieu jetant l'arrêt fatal.

LE MOINE.

Ce langage est d'un maître et non pas d'un égal.

Poursuis.

TOUSSAINT, *continuant.*

«La République, à ma voix réformée,
705 Pour la représenter vous envoie une armée;
Elle va renforcer vos drapeaux triomphants.
Songez-y, ces soldats sont mes braves enfants;
Mon beau-frère, leur chef, embarqué sur l'escadre,
D'un ordre social vous porte enfin le cadre.
710 Vous aurez pour honneur, pour règle, pour devoir
D'y faire entrer le blanc, le mulâtre, le noir;
Généraux tous les deux... craignez la flatterie:
Il n'est point de second où règne la patrie!»
Que veut dire ce mot sonore, obscur et bref?

LE MOINE, *ironiquement.*

715 C'est clair... Que pour second il vous envoie un chef!

TOUSSAINT, *avec colère.*

Un chef! Il oserait...

LE MOINE.

Quoi donc peut te surprendre?
Ce que l'on n'ose dire, on le laisse comprendre.
Mais lis.

TOUSSAINT, *reprenant sa lecture.*

«La République a des bras de géant;
Elle compte l'espace et l'homme pour néant;
720 Tous ses amis sont grands pour sa reconnaissance,
Et tous ses ennemis nuls devant sa puissance.
Elle a les yeux sur vous; vous l'aimez; vos enfants
Ont été confiés à ses bras triomphants,
Elle a pour eux les soins d'une mère chérie;
725 C'est eux que vous servez en servant la patrie;
Elle voit dans vos fils le sceau de vos serments,
Et le nœud mutuel des plus sûrs sentiments.
Vous êtes père!... Ils sont le prix qu'elle vous garde;
Leur sort est dans vos mains, la France vous regarde.
BONAPARTE.»

LE MOINE.

Voilà tout?

TOUSSAINT, *abattu.*

Voilà tout.

LE MOINE.

Qu'en dis-tu?

TOUSSAINT.

730 Le bourreau!

LE MOINE.

Cette lettre est du fer dans un brillant fourreau;
Il dore la poignée en enfonçant la lame.

TOUSSAINT.

O père! il flatte l'œil, mais il transperce l'âme.

LE MOINE.

De haine et de faveur quel contraste heurté!
735 Quels sinistres éclairs dans son obscurité!
Comme dans tout ce style on sent, malgré l'adresse,
La main prête à frapper sous la main qui caresse!

TOUSSAINT.

Qui caresse? ô mes fils! Dis plutôt comme on sent
La langue du lion qui lèche jusqu'au sang!

LE MOINE.

740 Avec quel artifice habile il entrelace
L'espérance et la peur, l'appât et la menace!

TOUSSAINT.

Oui, mais comme à la fin dans son lacet surpris
Il étrangle le père en embrassant le fils!

Oh! périsse le jour où me vint la pensée
745 De confier mon sang à la race offensée!

LE MOINE.

Si tu ne l'avais fait, serais-tu donc Toussaint?

TOUSSAINT.

Je n'aurais qu'un devoir.

LE MOINE.

Tu suivras le plus saint.

TOUSSAINT.

Quel est-il?... Osez donc le décider vous-même!

LE MOINE.

Entre ton peuple et toi, balancer, c'est blasphème.

TOUSSAINT.

750 Oui, mais dans l'attitude où les destins m'ont mis,
Le servirai-je mieux rebelle que soumis?
Du sceau des blancs ici ma puissance couverte
Ne me vaut-elle pas plus qu'une guerre ouverte?
Que pourra des Français la faible autorité,
755 Traînant de leur couleur l'impopularité?
Leur proconsul, sans force et paré d'un vain titre,
Des destins d'Haïti me laissera l'arbitre;
Je saurai dévorer ce téméraire affront,
Jusqu'à ce qu'Haïti les dépassant du front,
760 * Et sous leurs étendards grandissant à leur ombre,
* Aidé par le climat les étouffe du nombre.
* La présence des blancs, leur aspect odieux
* M'assurera les cœurs en alarmant les yeux:
* Du lion déchaîné pour irriter la haine,
765 * Il est bon quelquefois qu'il voie un bout de chaîne.
* Devant l'anneau sanglant qu'il a longtemps porté,
* Le captif aime mieux son âpre liberté.
Cependant les Français, trompés par l'apparence,
Laisseront mes enfants revenir de la France;
770 Aussitôt que leurs pieds auront touché ces bords,

On connaîtra Toussaint... Je serai libre alors!...

LE MOINE.

Tu seras dans les fers forgés par ta démence!
Le grand jeu du destin jamais ne recommence.
Quand le prix qu'on expose est un peuple de Dieu,
775 Deux fois sur sa fortune on ne met pas l'enjeu.
* Une fois ou jamais!... Quand l'heure d'en haut sonne,
* Elle ne s'accommode à l'heure de personne...
* Écoute... Mieux que toi, je lis dans ton esprit:
* Tu cherches à tromper l'instinct qui t'attendrit;
780 * Ta résolution contre l'amour se brise,
* Et ton cœur qui faiblit raisonne et temporise;
* Mais des nécessités le flot accumulé
* T'écrase sous le temps vainement reculé.
* Dis-moi, crois-tu toi-même à ton propre sophisme?
785 * Prends-tu la lâcheté pour du patriotisme?
* Crois-tu l'indépendance et les droits des humains
* Plus sûrs aux mains d'autrui que dans leurs propres mains?
* Crois-tu que les Français, maîtres de ces rivages,
* Viennent pour adorer vos droits sur vos visages,
790 * Et, de l'indépendance assurant les progrès,
* Admirer tout armés la révolte de près?
* Non, tu ne rêves pas ce stupide délire;
* L'esclave au cœur du maître a trop appris à lire;
* Tu sais qu'on ne voit pas les bœufs baisser leurs cous
795 * Sans que l'on soit tenté de les charger de jougs!
* Que le maître et l'esclave auront dans l'attitude
* De leur ancien état l'invincible habitude...
* Replacer face à face ainsi deux ennemis,
* Deux droits encor saignants, l'un perdu, l'autre acquis,
800 * C'est mettre l'étincelle et la poudre en présence;
* C'est tenter à la fois l'homme et la Providence!
* Des ferments rapprochés la prompte explosion
* Te punirait bientôt de ton illusion.
* Le Français, enhardi par tes molles faiblesses,
805 * Usurpera du pied le terrain que tu laisses;
* On verra s'élever des Spartacus nouveaux;
* Tes plus fiers lieutenants deviendront tes rivaux.
* Rebelle aux yeux des blancs, aux yeux du peuple traître,
* Ton allié bientôt se lèvera ton maître,
810 * Et lorsque de son cœur le noir t'aura banni,
* L'île sera sans chef et tout sera fini!

TOUSSAINT.

Avant que sous leur joug le chef se laisse abattre,
Il aura combattu.

LE MOINE.

Pourquoi veux-tu combattre?
815 Dans ce premier succès par vos droits remporté,
Trop de sang n'a-t-il pas payé la liberté?
Ton mérite au regard du Dieu qui le déteste
N'est-il pas d'en avoir épargné quelque reste,
* Et de t'être élevé, comme un médiateur,
820 * Au milieu d'un conflit dont tu n'es pas l'auteur?
* Ce sang retombera sur la seule anarchie
* D'où sortit à ta voix ta couleur affranchie.
Veux-tu prendre sur toi celui qui va couler?...
Si tu laissais encor les races se mêler,
825 Ton hésitation en serait responsable;
Dieu te l'a-t-il donné pour arroser le sable,
Pour en faire l'appoint de tes propres profits,
Pour en payer aux blancs la rançon de tes fils?
Tu tiens entre tes mains les clefs des ports de l'île,
830 Jette-les dans la mer, puis attends, immobile;
Les tempêtes de Dieu seules vous défendront.
Les blancs sauvant leur vie au prix de cet affront,
Du sommet de leurs mâts saluant le grand morne,
Reconnaîtront bientôt que l'Océan vous borne.
835 Ce peuple, sans combat, pour ses ports reparti,
N'aura coûté qu'un mot, au maître d'Haïti!

TOUSSAINT.

Leur refuser les ports, c'est déclarer la guerre!
Il me faut accorder le chef avec le père.
Attendons à demain.

LE MOINE.

À présent, ou jamais!
840 Écoute-moi, Toussaint. Il est de ces sommets
Qu'on ne redescend plus! C'est le point où nous sommes.
Ou monter ou tomber, c'est la loi des grands hommes.
Si tu tombes du faite où ton Dieu t'a porté
Toute ta race tombe avec la liberté.

TOUSSAINT.

845 Si je perds mes enfants, que m'importe ma race!

LE MOINE.

Si tu perds tes enfants, un peuple les remplace.
À ta vaste famille, aveugle, ouvre tes bras.

TOUSSAINT.

Je suis père avant tout.

LE MOINE, *tirant de son sein le crucifix et le montrant à Toussaint.*

Dieu ne l'était-il pas?

Le moine sort lentement par la porte secrète. Toussaint reste anéanti. Les noirs entrent par l'autre porte en foule.

SCÈNE HUITIÈME

TOUSSAINT, DESSALINES, PÉTION, GÉNÉRAUX, OFFICIERS, SOLDATS et MATELOTS DE L'ARMÉE DE TOUSSAINT, PEUPLE.

Le peuple arrive en foule et se presse à toutes les issues.

DESSALINES.

Trahison!

LE PEUPLE.

Trahison!

DESSALINES.

Les Français sur la grève!

LE PEUPLE.

Les Français débarqués!

TOUSSAINT.

850 Débarqués?... Est-ce un rêve?

PÉTION.

Le Port-au-Prince est pris; un lâche général
Vient de l'ouvrir.

TOUSSAINT, *avec un calme affecté.*

Les forts?

PÉTION.

Livrés à l'amiral!

TOUSSAINT, *d'un air de mystère et de prescience.*

C'est le piège où j'avais médité de les prendre.

DESSALINES *avec indignation.*

Pour souiller Haïti?

TOUSSAINT.

Pour y laisser leur cendre!...

À part.

855 Toussaint! les vents, la nuit, ont décidé pour toi!...

Haut.

Généraux, officiers, soldats, écoutez-moi:
Tout ce qui vous surprend s'accomplit par mon ordre
Pour y laisser les dents, à la proie il faut mordre.
Les Français aujourd'hui repoussés de nos bords
860 Y seraient revenus plus nombreux et plus forts.
De leurs mille vaisseaux leur flotte composée
Eût été les chercher à la rive opposée.
Haïti, jusque-là de son sort incertain,
Eût tourné vers les mers ses yeux chaque matin,
865 Tremblant à chaque fois de voir, avant l'aurore,
Rougir à l'horizon le drapeau tricolore!

Esclave dans le sang, quoique affranchi de nom,
Nul n'aurait jamais su s'il était libre on non!
Nos femmes auraient craint que du pur sang des braves
870 Leur ventre inféodé n'enfantât des esclaves!
On jouit mal d'un bien qu'on peut nous disputer,
Et voir toujours le joug, c'est presque le porter;
Il fallait que l'oracle enfin se fît comprendre.

Avec énergie.

L'oracle est dans vos cœurs! c'est à vous de le rendre,
875 Peuple! si vous suivez mon inspiration,

Hourra du peuple.

Vous étiez un troupeau, je vous fais nation!

Applaudissements du peuple.

Fussent-ils plus nombreux que ces milliers d'étoiles,
Pas un des débarqués ne reverra ses voiles!
Pas un de leurs vaisseaux ne reverra leurs bords.

Avec exaltation.

880 La flamme et les écueils sont leurs vents et leurs ports!
Ce ciel dévorera l'escadre avec l'armée,
Et la France en verra revenir la fumée!

Applaudissements frénétiques.

Mais il faut vous laisser conduire par un fil,
Sans demander: «Pourquoi?... Que veut-il? Que fait-il?»
885 Que toute âme de noir se relie à mon âme!
Toute grande pensée est une seule trame
Dont les milliers de fils, se plaçant à leur rang,
Répondent, comme un seul, aux doigts du tisserand.
Mais si chacun résiste et de son côté tire,
890 Le dessin est manqué, la toile se déchire!
Ainsi d'un peuple, enfants!... Je pense: obéissez
Pour des milliers de bras, une âme, c'est assez!

UN HOMME DU PEUPLE.

Oui, nous t'obéirons!

UN MATELOT.

Comme à la brise l'onde!

PÉTION.

Toussaint sur Haïti! comme Dieu sur le monde!

TOUSSAINT, *aux généraux noirs.*

895 Généraux, inspecteurs, chefs de mes régiments,
Allez, allez chacun à vos commandements.
Que l'occasion seule à ma place commande!
Je ne donne aucun ordre, et si l'on vous demande:
«Avez-vous vu Toussaint? Sait-on l'ordre du chef?»
900 Répondez seulement par un: «Non!» ferme et bref.
Sur mes desseins secrets feignez l'incertitude;
Restez dans une fausse et douteuse attitude;
Aïez pour les Français des visages amis,
L'œil ouvert du serpent et des cœurs ennemis.
905 Ils flotteront ainsi de l'audace à la crainte,
Comme on sonde du pied la cendre mal éteinte,
Demandant ma réponse et l'espérant toujours.
Nous leur ferons ronger les jours après les jours.
La fièvre, en attendant, céleste auxiliaire,
910 Ouvrira pour leurs os la terre hospitalière,
Et, décimant leurs rangs sous ce climat fatal,
Changera leur conquête en immense hôpital.

Hourra!

* Moi cependant caché dans mon ombre immobile,
* On me croira toujours à l'autre bout de l'île;
915 * Invisible, impalpable, inconnu, mais debout,
* Attendu, retardant, absent, présent partout,
* Guettant l'occasion imprévue et soudaine,
* Je serai l'œil des noirs éclairé par la haine!
* Et lorsque le signal

Montrant son front.

Ici retentira,
920 * Reposez-vous sur moi, la foudre en sortira!...
Aux trois coups de canon tirés du haut de l'île,
Sans combattre, une nuit, sortez de chaque ville;
Repliez tous les noirs en laissant, pour adieu,

La flotte, les palais et les cités en feu!
925 Depuis mon propre toit jusques aux champs d'igname,
Balayez le terrain par un balai de flamme!
Ne laissez sur le sol que la pierre et les os,
Et venez me rejoindre au morne du Chaos!
Vous y trouverez tous, grâce à ma vigilance,
930 Armes, munitions, vivres en abondance.
* Les arbres renversés et les rochers épars
* Auront à la nature ajouté des remparts.
* Les blancs y marcheront comme la brute au piège,
* Leurs bras désespérés en tenteront le siège.
935 * Vous roulerez les monts sur leurs corps foudroyés;
* Entre la mer et vous, écrasés ou noyés,
* Ils auront disparu comme une onde tarie,
* Et leurs os fumeront le sol de la patrie!
Allez, ne craignez rien, mon ombre est sur vos pas.

Dessalines et Pétion s'avancent pour parler; il les arrête du geste.

940 Je connais vos pensers, ne me les dites pas!
Vous craignez les Français, votre cœur s'épouvante
De cet art meurtrier dont leur orgueil se vante.
Que peut-il contre un peuple ? Enfants, vous allez voir.

Il fait un signe.

Apportez-moi ces grains de maïs blanc et noir.

On en apporte une corbeille, il prend une poignée de grains de maïs noir, la verse dans une coupe de cristal, et répand sur la surface du vase une couche de maïs blanc, puis il présente la coupe aux regards du peuple.

945 Vous ne voyez que blanc quand votre front s'y penche?
À vos yeux effrayés toute la coupe est blanche...
Or, pourquoi les grains blancs sont-ils seuls aperçus?...

Hésitation des noirs.

Peuple pauvre d'esprit! eh! c'est qu'ils sont dessus!...
Mais attendez un peu.

Il vide la coupe sur un plateau, les grains blancs disparaissent complètement dans l'immense quantité de grains noirs.

Tenez, le noir se venge;

950 En remuant les grains, voyez comme tout change!
On ne voyait que blanc, on ne voit plus que noir;
Le nombre couvre tout, et ceci vous fait voir
Comment l'égalité, quand l'honneur la rappelle,
Rend à chaque couleur sa valeur naturelle!
955 Tout leur art n'y peut rien. — Ils sont un et vous dix. —
Haïti sera noir, c'est moi qui vous le dis.

Le peuple pousse des éclats de rire et des applaudissements forcenés.

Allez! et laissez-moi penser pour la patrie.

Tout le monde sort.

SCÈNE NEUVIÈME

TOUSSAINT, ADRIENNE.

ADRIENNE.

Et, moi, puis-je rester, mon oncle?

TOUSSAINT.

Enfant chérie!

À part.

960 * Mes pleurs à cette voix sont tout prêts à couler.

Haut.

* Fleur au milieu d'un camp, qu'un soldat peut fouler,
* Hélas! il valait mieux naître sur une tombe
* Que sur un sol fouillé par l'obus et la bombe!
Écoute, approche-toi, réponds-moi sans effort.
Aimes-tu ton pays?

ADRIENNE.

Moi?...

TOUSSAINT.

965 Mais, jusqu'à la mort?...

ADRIENNE.

Mon oncle et mon pays, n'est-ce pas même chose?
N'êtes-vous pas pour moi tout ce qui le compose?
Ai-je un autre pays que l'ombre de vos pas?
Que me serait la terre où vous ne seriez pas?

TOUSSAINT.

970 Pauvre amour! La réponse est douce, mais amère.

À part.

Mon vieux cœur est ému tout comme un cœur de mère.
Quoi! de tous ses instincts le vieux noir triomphant
Ne peut voir sans pleurer ce visage d'enfant.

À Adrienne.

Mais si je te disais: «Va, seule, je t'envoie
Mourir pour tous les noirs?»

ADRIENNE.

975 Oh! j'irais avec joie!
Partout où vous diriez, oui, mon oncle, j'irais!
Car ce serait pour vous encor que je mourrais!

TOUSSAINT.

Mais si je te disais: «Loin de moi, va-t'en vivre,
Adrienne! Je vais où tu ne peux me suivre.»
Que ferais-tu?

ADRIENNE.

980 Non, non, je n'obéirais pas.
De mes bras enlacés j'arrêterais vos pas,
Ou vous me traîneriez à vos genoux collée
Comme on traîne à son pied la liane enroulée!
Mais cet horrible jeu, pourquoi le faites-vous?
985 Ai-je donc jamais eu d'abri que vos genoux?
Et si vous m'enleviez ce roc où je m'appuie,
Où serait, dites-moi, la place de ma vie?

TOUSSAINT, *plus ému.*

Ange des noirs, ta place était au paradis.

Il soupire.

Non, ce n'est pas un jeu, mais pourrais-tu bien, dis!
990 Là, dans ton cœur limpide, étouffer un mystère?
Le sort de ton pays? Tout savoir et te taire?

ADRIENNE.

* De tout ce que j'ai su qu'ai-je donc révélé?
* Entendit-on l'écho quand vous m'avez parlé?

TOUSSAINT.

* Il est vrai, ton jeune âge égale ma prudence;
995 * J'ai mis dans ton cœur sûr toute ma confidence.
* La nuit, le ciel et toi savent seuls mes secrets,
* Et ces murs plus que toi n'ont pas été discrets.
* Mais ton corps délicat, belle et fragile trame,
* N'est pas, pauvre petite, aussi fort que ton âme.
1.000 Pourrais-tu supporter la faim des jours entiers,
Déchirer tes pieds mis aux cailloux des sentiers?
Sous l'ardeur du soleil et de la nuit obscure,
Avoir l'herbe pour lit, le ciel pour couverture?
Manger le fruit tombé, boire l'eau du torrent?
1.005 Marcher, toujours marcher, ne dormir qu'en courant?
Te glisser nuitamment des camps aux citadelles?
Recevoir sans crier le feu des sentinelles?
Suivre partout les blancs, sans te trahir pour eux?
Le pourrais-tu?

ADRIENNE.

Que Dieu m'assiste et je le peux!
1.010 * De mes forces d'enfant mon cœur est la mesure;
* Je vaincrai le sommeil, la soif et la nature.
* Mon oncle, nul effort n'est au-dessus de moi,
* Nul miracle, excepté de m'éloigner de toi!

TOUSSAINT.

Mais si dans nos chemins un jour tu tombais lasse?

ADRIENNE.

1.015 Ah! j'attendrais la mort, et je te dirais: «Passe!»

TOUSSAINT.

Eh bien! tu me suivras, ô magnanime enfant!
Tu seras de mes nuits le manteau réchauffant,
Le bâton de mes mains, la lampe de ma route!

ADRIENNE.

Oh! je serai ta fille, et c'est assez!

TOUSSAINT.

Écoute.
1.020 Sur mes desseins futurs je te dois quelques mots,
Tu sais quels ennemis nous ont vomis les flots?
Tu sais que, par la main de lâches ou de traîtres,
Déjà du port de l'île ils se sont rendus maîtres?...
Tant qu'ils n'ont pas Toussaint, ils n'ont rien; pas d'effroi:
1.025 Le corps n'est rien sans l'âme, et l'âme ici c'est moi!
Je médite contre eux des retours, des désastres
Aussi grands que la mer, aussi hauts que les astres!
Ils y périront tous, ces mangeurs de café,
Ainsi que le boa par sa proie étouffé.
1.030 * Mes moyens sont trop noirs pour que je te les dise,
* J'ai besoin que ta main à mon but me conduise!
* Il faut être invisible et présent en tout lieu,
* Autant qu'un pauvre noir peut ressembler à Dieu.
Des marches des Français, il faut transpercer l'ombre,
1.035 Connaître leurs desseins, leur manœuvre, leur nombre;
M'assurer, par mes yeux, si de nos faux amis
Nul ne pactise à l'ombre avec nos ennemis;
Il faut changer d'habit, de métier, de langage:
Je sais, quand je le veux, transformer mon visage,
1.040 Je sais, sans placer même un bandeau sur mes yeux,
Feindre d'avoir perdu la lumière des cieux:
* Ma prunelle, à mon gré, rentrant sous ma paupière,
* N'est plus qu'un globe blanc où s'éteint la lumière;
* Sans être reconnu par le plus clairvoyant
1.045 * Je puis tendre à l'ami la main du mendiant,
Et, prenant une voix qui ressemble à mon rôle,

SCÈNE DEUXIÈME

LES PRÉCÉDENTS, ROCHAMBEAU.

ROCHAMBEAU.

Eh bien, mon cher Boudet, comment va la journée?

BOUDET.

À merveille! Déjà l'enceinte est dessinée.
Le camp fortifié, sur ces hauteurs assis,
Entouré de remparts, de fossés, de glacis,
1.090 Offrira dès ce soir un asile à l'armée
Plus sûr que cette ville à peine désarmée,
Où la sédition, qui couve sous nos pas,
Menace d'autant plus qu'on ne l'aperçoit pas.
Le Français n'est pas fait pour cette guerre impie
1.095 Où la fourbe le mine, où la fuite l'épie,
Où dans les yeux baissés, dans les discours soumis,
Il lui faut soupçonner des desseins ennemis.
Sa valeur, confiante, au grand jour se déploie
Contre tous les dangers; mais il faut qu'il les voie.
1.100 Il les verra d'ici. — Ce superbe plateau,
Piédestal naturel de l'antique château,
Déblayé des débris de ces vieilles murailles,
Donne un centre de bronze à nos champs de batailles.
Voyez! — La ville, ici, palpitante à nos pieds,
1.105 Avec ses monuments par notre œil épiés,
Dont la moindre rumeur monte à nos sentinelles;
Là, soixante vaisseaux au port pliant leurs ailes,
Surveillant l'Océan et dormant sans danger
Sous le vol du boulet qui va les protéger.
1.110 * Ici la mer battant, sous la côte concave,
* De ses flots irrités ce rocher qu'elle lave,
* Rempart de mille pieds, abîme si profond,
* Qu'à peine l'on entend gronder la vague au fond,
Et là, jusqu'à la grève où le fleuve serpente,
1.115 La terre s'abaissant par une douce pente,
Comme pour engager l'assaillant à monter
Au-devant du canon, s'il l'osait affronter.
* On peut dire que l'île où ce morne se dresse,
* D'elle-même a produit sa propre forteresse;
1.120 * Mais que l'art de la guerre a su faire servir
* Les remparts naturels du noir à l'asservir.

ROCHAMBEAU, *examinant de l'œil le site.*

Certes, du gouverneur ce camp comble l'attente.
Il est impatient...

BOUDET.

Tenez, voici sa tente.
Avant que son palais soit en pierre achevé,
1.125 Ce palais de coutil pour lui s'est élevé.
Il veut, dès aujourd'hui, qu'en ces lieux on installe
Le quartier général. On prépare la salle
Où l'on s'assemblera pour le premier conseil.
Il faudrait, pour lui plaire, arrêter le soleil.
1.130 Mais je vois ses plantons poudroyer sur la route;
Ne perdons pas de temps, venez voir la redoute.

Ils s'éloignent.

SCÈNE TROISIÈME

TOUSSAINT, ADRIENNE.

TOUSSAINT, *sortant comme à tâtons de son ajoupa, soutenu par Adrienne, fait quelques pas vers le milieu de la scène et lui dit à demi-voix.*

Que font-ils?

ADRIENNE.

Ils s'en vont.

TOUSSAINT.

De quel côté?

ADRIENNE,

Là-bas
Où vous voyez briller....

TOUSSAINT, *lui secouant fortement le bras.*

Chut! chut! je n'y vois pas.

ADRIENNE, *à part.*

1.135 Mon Dieu! pardonnez-moi, si j'oubliais mon rôle!
Mon oncle a suspendu sa vie à ma parole.
O ciel! mets sur ma bouche, ô Dieu! mets dans mon sein
La prudence et la nuit de son profond dessein!

TOUSSAINT.

Pense que ton pays est perdu par un geste.

ADRIENNE.

1.140 Oh! je pense à vous seul. Que m'importe le reste!

TOUSSAINT.

Qu'ont-ils dit?

ADRIENNE.

Qu'aujourd'hui le gouverneur français
Habiterait ce fort d'inabordable accès;
Qu'à défaut de palais, cette tente dressée
Serait...

TOUSSAINT.

La Providence accomplit ma pensée!
1.145 J'ai deviné la place et j'arrive au moment;
Avant qu'ils aient reçu leur accomplissement,
Je saurai leurs projets et leurs moyens d'attaque,
Ils viennent me traquer, et c'est moi qui les traque.
Silence et l'œil ouvert: l'aveugle mendiant
1.150 Aura lu jusqu'au fond au cœur du clairvoyant.

ADRIENNE.

Mais, mon oncle, en ces lieux pensez-vous qu'on respecte
D'un vieux noir inconnu la cabane suspecte?
Ils vont la balayer comme ces fils impurs
Que la pauvre araignée a tissés sur les murs;
1.155 Ces trois lambeaux de natte à côté de leur tente
Saliront à leurs yeux cette enceinte éclatante.
Ils vont bien loin d'ici nous repousser du pied.

TOUSSAINT.

Non, plus les cœurs sont fiers, plus ils ont de pitié.
Le Français confiant mord vite à cette amorce;
1.160 De l'obstination tu connaîtras la force.
Comme un chien sans asile, insensible à l'affront,
Je défendrai mon gîte... Ils me le laisseront.
D'ailleurs, on est humain aussi par politique;
Un rien peut allumer la colère publique:
1.165 Lorsque la tyrannie oppresse de son poids
Tout un peuple, à sa haine il suffit d'une voix.
Ils redoutent des noirs le calme encor farouche,
Si je crie un peu haut, ils fermeront ma bouche.
Mais, viens, retirons-nous. — Je vois sur le chemin
1.170 Un groupe s'avancer. — Conduis-moi par la main,
Mesure sur mes pas les tiens, et fais en sorte
Qu'on me voie entrer là. — Toi, demeure à la porte,
Et bien tranquillement, comme aux jours réguliers,
Livre-toi sous leurs yeux à tes soins journaliers. *

Il se glisse dans la cabane. — Adrienne reste assise à la porte et allume du feu sur trois pierres pour faire cuire des patates dans un vase d'argile ébréché.

SCÈNE QUATRIÈME

SALVADOR, ISAAC, ALBERT, ADRIENNE.

Isaac arrive le premier, s'élance en courant sur le promontoire, et montre du geste à son frère les montagnes lointaines.

ISAAC.

1.175 Oh! vois-tu donc, Albert, cette montagne bleue
Avec ce grand vallon qui fuit de lieue en lieue,
Et ce fleuve écumant qui blanchit au-dessous?...
Tiens! j'entends son bruit sourd qui monte jusqu'à nous.

ALBERT, *avec un geste d'impatience.*

Bah! c'est le bruit du vent dans ces faisceaux d'armures.

ISAAC.

1.180 Non, car l'odeur des bois monte avec ses murmures.

Ne vois-tu pas là-bas ces pins à l'horizon,
Dont la tête est semblable au toit d'une maison?
Sous leurs grands parasols que tout est frais et sombre!
O Dieu! si je pouvais me rouler à leur ombre!
1.185 Mais, nous sommes ici comme les colibris
Que dans les bananiers souvent nous avons pris;
Nous suspendions la cage au bord de la fenêtre,
Pour leur faire mieux voir le ciel qui les vit naître,
Et quand ils s'élançaient vers ce doux horizon,
1.190 Ils se déchiraient l'aile au fer de leur prison.

ALBERT, *avec colère.*

Leur prison! Veux-tu bien perdre cette habitude.
Quelle enfance, Isaac, ou quelle ingratitude!...
Quoi! du premier des blancs petits noirs adoptés,
Recueillis par sa main, grandis à ses côtés;
1.195 Habiter les palais d'où ses peuples débordent,
Que les ambassadeurs en s'inclinant abordent;
Alliés des Français, être libres comme eux,
Recevoir les leçons de leurs maîtres fameux;
Être aux yeux du consul la semence féconde
1.200 D'où ses profonds desseins germeront sur le monde,
Et qu'il veut sous ce ciel d'hommes déshérité
Répandre à son moment avec la liberté;
Être appelés par lui au foyer des lumières,
Pour rapporter ici la science à nos frères; *
1.205 Enfin être envoyés par l'homme notre appui,
Pour réconcilier notre race avec lui;
Comblés par lui de biens, d'honneurs, de préférence,
Vivre auprès de sa sœur, belle de sa puissance,
Plus belle encor du charme empreint dans son aspect,
1.210 Et qu'on adorerait sans l'abri du respect;
Voilà ce que ta bouche appelle un esclavage!...
Va! tu n'es qu'un enfant!... Va! tu n'es qu'un sauvage!...

ISAAC.

Tu me grondes toujours, mon frère, c'est bien mal!
Tu parles comme un blanc, aussi!... mais c'est égal,
1.215 Je t'aime malgré toi, malgré ce ton sévère,
De tout le souvenir qui m'attache à mon père.

ALBERT.

Et moi je t'aime aussi, mais d'une autre amitié.
Mais, pourquoi me fais-tu souvent honte ou pitié?
Pourquoi ton âme tendre, aux regrets obstinée,
1.220 Ne grandit-elle pas avec la destinée?
J'ai beau te l'expliquer, tiens, tu n'écoutes pas!

ISAAC.

Si, je t'écoute, Albert, mais mon âme est là-bas.

En lui montrant l'horizon.

ALBERT.

Toujours avec les noirs!

ISAAC.

Toujours avec l'image
Que du toit de roseaux emporta mon jeune âge!
1.225 Père, mère, Adrienne et tous ceux que j'aimais!

Au nom d'Adrienne, celle-ci laisse tomber de ses mains la corbeille et les patates; elle se lève en sursaut, s'approche et écoute de plus près avec tous les signes du plus vif intérêt, à demi cachée par la toile de la tente.

ISAAC, *poursuivant.*

Que les palais des blancs n'effaceront jamais!

Il s'en va en boudant.

ADRIENNE, *à voix basse et convulsivement. Elle court vers l'ajoupa.*

Adrienne?... Mon nom?... Deux jeunes noirs!... O maître!
Regardez!... Écoutez!...

TOUSSAINT.

Qui?... Quoi?...

ADRIENNE.

Vos fils, peut-être!

Toussaint soulève d'une main le lambeau de nattes de la cabane; il tend machinalement ses bras vers ses enfants et il écoute dans l'attitude de l'espion antique[1].

ALBERT.

Reviens donc, Isaac. Allons, parlons raison.

ISAAC, *courant de l'autre côté de la scène et regardant un autre côté de la campagne éloignée.*

1.230 Oh là! quel coup au cœur!... Albert! tiens, la maison!
Ah! tu ne diras pas cette fois que je rêve!

Lui indiquant du doigt un point à distance.

Là-bas, bien loin... bien loin... où le brouillard se lève...
Ne vois-tu pas reluire un reflet de soleil
Sur un mur?... sur un toit au nôtre tout pareil?

ALBERT, *ému et regardant aussi.*

1.235 O ciel! quel œil perçant que l'œil de la mémoire!
Oui! c'est là le Limbé sur la rivière Noire![2]

ISAAC, *avec transport.*

Et le pré des Citrons avec la haie autour!...
Et l'église aux flancs gris que surmonte la tour!...
Et sous le noir hangar la chaudière allumée!...
1.240 Et les dattiers pliants que voile la fumée!... [3]

Il bat ses mains l'une contre l'autre.

Oh! réjouissons-nous, tout est comme autrefois!

Les deux frères s'embrassent en pleurant.

---

1 Peut-être dans l'attitude d'Ulysse dans l'*Odyssée* espionnant les siens ou, ailleurs, les Troyens. Lamartine pense sans doute à une œuvre d'art que je n'ai pas identifiée.

2 C'est en réalité la rivière Rouge qui traverse la paroisse du Limbé. Peut-être Lamartine l'a-t-il rebaptisée Noire pour les besoins de la rime.

3 On cultive effectivement des dattes dans la région des Gonaïves. Une section rurale y porte même le nom "Nan dattiers".

ALBERT.

O mon père!

ISAAC, *criant de toute la force de sa voix, comme pour la porter aussi loin que son regard.*

O ma mère! entendez-vous nos voix?
C'est Isaac! c'est moi! c'est lui qui vous appelle!

TOUSSAINT, *s'élançant involontairement les bras tendus vers ses enfants.*

Me voilà, mes enfants!...

ADRIENNE, *l'arrêtant et lui mettant la main sur la bouche.*

Arrêtez!

TOUSSAINT, *revenant à lui.*

Je chancelle.
1.245 Entendre un cri pareil et n'y répondre pas!...

ADRIENNE, *lui montrant Salvador qui se rapproche de la scène.*

Veillez sur votre cœur et retirez vos pas.

Toussaint rentre poussé par Adrienne dans la cabane.

SALVADOR, *aux enfants.*

Que regardez-vous donc, enfants, sous le nuage?
Et pourquoi cachez-vous ces pleurs où votre œil nage?
Répondez!

ISAAC.

Oh! monsieur, vous ne voyez donc pas
1.250 Ce vallon vert, ce fleuve et ce clocher, là-bas?

SALVADOR, *imitant ironiquement une voix d'enfant.*

Une église, un clocher, voyez le beau mystère!
Mais la sottise humaine en a couvert la terre.

ISAAC, *indigné.*

Vous n'avez donc jamais connu votre maison,
Ni regardé son toit fumer à l'horizon?

SALVADOR, *fièrement.*

1.255 Je ne connais ni toit, ni foyer, ni famille;
Ma maison est partout où le nom français brille!
Mais pourquoi faisiez-vous cette réflexion?

ALBERT.

C'est que nous croyons voir notre habitation,
Le Limbé...

ISAAC, *amèrement à son frère.*

Nous croyons!... Je la vois bien, peut-être,

ALBERT, *à Salvador d'un ton d'excuse.*

1.260 Le pays de mon père et qui nous a vus naître.

SALVADOR, *avec dérision.*

Oui, les lieux adorés où sur le seuil des blancs
Un conducteur fouettait les esclaves tremblants;
Le toit de notre enfance où d'un lâche esclavage
Nous faisions en naissant le doux apprentissage;
1.265 Où la verge et la corde étaient nos bons parents.

ISAAC, *vivement.*

Dites où notre père a fait fuir les tyrans!
Où sous sa juste main sa race enfin prospère...

SALVADOR, *d'un ton insultant.*

Ne vous vantez pas tant, petits, de votre père;
Il faut savoir, avant de nous parler de lui,
1.270 S'il sera des Français le rival ou l'appui.

ALBERT.

Oh! mon père est Français! je le sens à mon âme!

De son patriotisme il m'a transmis la flamme.
Le parti de ses fils sera toujours le sien.

ISAAC, *à demi-voix.*

Le parti de mon père à moi sera le mien.

SALVADOR.

l.275 Qu'attend-il, cependant, pour se rendre au plus vite
À cette conférence où la France l'invite?
Pourquoi ce labyrinthe où se cachent ses pas?
Quand le cœur est pressé, le pied n'hésite pas.

ISAAC, *avec une naïveté menaçante.*

Je suis sûr qu'il viendra quand il faudra paraître.

TOUSSAINT, *ému et d'une voix sourde qu'on entend de dessous la cabane.*

l.280 Bien! mon sang! Il viendra trop tôt pour eux peut-être!

ISAAC, *à son frère.*

S'il nous savait ici!...

ALBERT.

Déjà nous l'aurions vu...
Mais ce débarquement pour lui fut imprévu.

À Salvador.

Vous savez qu'en voyage à l'autre bout de l'île
Vos messagers n'ont pu découvrir son asile;
l.285 Ils arrivent toujours alors qu'il est parti.

SALVADOR.

Nos messagers sont noirs et sont de son parti.
Toujours la perfidie est fertile en excuse;
Où l'audace lui manque elle appelle la ruse.
Dans le cœur ulcéré de ce peuple avili,
l.290 La vérité toujours est sous le dernier pli.

Il s'éloigne avec dédain vers le fond du théâtre.

ISAAC, *à Albert.*

Peux-tu souffrir, Albert, que ce blanc, face à face,
Outrage notre père ainsi dans notre race?
Ah! va! si j'étais grand et soldat comme toi,
Il ne parlerait pas comme il fait devant moi!

ALBERT, *à Isaac.*

1.295 * L'habitude de vivre au sein de l'esclavage
* Donne aigreur à la voix et rudesse au langage.
* Il faut lui pardonner ces traces d'autrefois,
* Car il nous aime au fond.

ISAAC, *avec mépris.*

Oui , mais à tant par mois!

ALBERT.

C'est l'ami du consul, guide sûr et sévère
1.300 Qu'il choisit de sa main pour nous servir de père.

ISAAC.

* C'est un vieux conducteur de noirs dépossédé
* Du troupeau qu'à sa verge un maître avait cédé;
* Ses lâches cruautés l'ont fait chasser de l'île,
* D'où, comme un oppresseur, la liberté l'exile.
1.305 Vrai geôlier du consul, froid verrou dans sa main,
Qui nous garde aujourd'hui, qui nous vendrait demain!

Plus bas et d'un ton mystérieux,

Albert! tu ne sais pas à quoi l'on nous destine;
Ta partialité pour ces blancs te domine...
On dit...

ALBERT, *impatienté.*

Eh! que dit-on? et que ne dit-on pas?

ISAAC.

1.310 Une vieille négresse à moi m'a dit tout bas:
«Défiez-vous de lui! Je le connais, cet homme,
Bien qu'il ne porte pas le vrai nom qui le nomme
Mais il n'a pu changer ni son cœur ni ses traits.
Les nègres dans leur haine ont gardé ses portraits.
1.315 De ses atrocités les horribles histoires
Font encore à son nom frissonner leurs mémoires.
Il méprisait le sang, il profanait l'amour;
Amant, persécuteur et bourreau tour à tour,
Plus d'une belle esclave, à sa mère ravie,
1.320 Perdit entre ses bras l'honneur et puis la vie.
Un jour d'un de ces rapts vint à naître un enfant:
Quand il dut fuir devant Haïti triomphant,
Il vendit, en partant, l'enfant avec la femme[4].
Le monstre en ricanant mangea ce prix d'une âme.
1.325 L'esclave abandonnée expira de douleur;
La fille survécut, pauvre enfant de couleur
Confiée au hasard; une main inconnue
En prit soin. Nul ne sait ce qu'elle est devenue!...»

ALBERT, *contrefaisant ironiquement le ton d'Isaac.*

Oui! mystère d'horreur, et contes d'ogres blancs
1.330 Que les vieilles partout chuchotent aux enfants!...
Allons donc, Isaac! vraiment, n'as-tu pas honte
De répéter ainsi tout ce qu'on te raconte?
Crois-tu que le consul, second père pour nous,
L'homme à l'œil infaillible et qui plane sur tous,
1.335 Pour ramener ses fils au père véritable
Eût fait choix dans sa cour d'un pareil misérable?
Pour le juger ainsi, que tu le connais peu!

ISAAC.

Qui sait de quels desseins il nous a faits l'enjeu?
Sa grandeur est, dit-on, toute sa conscience.
1.340 Que veux-tu? je n'ai pas en lui ta confiance.

---

4 Comme le fit, avant de revenir en France en 1775, le marquis Alexandre Antoine Davy de la Pailleterie, colon à Saint-Domingue, qui vendit son esclave Césette et les quatre enfants qu'il avait eus d'elle, dont celui qui deviendra le général Alexandre Dumas, père de l'auteur des *Trois Mousquetaires* (voir Gilles Henry, *Monte Cristo [...] les ancêtres d'Alexandre Dumas*, Paris, Librairie académique Perrin, 1976.)

ALBERT, *avec enthousiasme.*

S'en défier serait un outrage sanglant.
Bonaparte est mon Dieu!

ISAAC.

Bonaparte est un blanc!

Ils se séparent avec des marques d'impatience mutuelle. — Toussaint, à demi caché par la natte de la tente, contemple ses fils avec une tendresse farouche. Il fait de temps en temps des mouvements involontaires et convulsifs qui font remuer la natte qui le couvre. — Adrienne lève les yeux sur Toussaint, met un doigt sur sa bouche et le contient.

SALVADOR, *se rapprochant d'Albert, sur le devant de la scène.*

Pourquoi donc, mes enfants, ces marques de colère?
Voyons! que disiez-vous?

ALBERT.

Demandez à mon frère.

SALVADOR, *à Isaac qu'il rappelle.*

1.345 Allons, venez ici, répondez-moi... Plus près...
Je vois de mauvais œil ces entretiens secrets.
* On pleure, on s'attendrit, on rêve une patrie,
* On devient moins Français, moins homme... Niaiserie!
* Qu'importe sous quel ciel le soleil nous a lui!
1.350 * Le consul veut, enfants, que l'on soit tout à lui.

ISAAC.

Nous parlions du consul.

SALVADOR.

C'est l'homme du mystère.
Il faut, devant ce nom, adorer ou se taire.
Quand on en dit du bien, est-ce qu'on parle bas?
Vous en disiez du mal, Isaac, n'est-ce pas?
1.355 Il vous couvre partout de sa sollicitude,
Et vous n'avez pour lui que de l'ingratitude.

C'est bien mal! Votre frère a le cœur différent;
Il aime le héros.

ISAAC.

C'est que mon frère est grand.
Les souvenirs d'enfant sont loin de sa mémoire.
Moi, j'aime mes parents.

SALVADOR.

1.360 Il faut aimer la gloire,
Imiter votre frère et porter dans le cœur
D'un instinct machinal un sentiment vainqueur;
* Ce dévoûment sublime aux volontés d'un homme
* Qui n'a plus ici-bas de titre qui le nomme,
1.365 * Devant qui les devoirs de passé, d'avenir
* Se résument en un: admirer et servir.
Mais pour ces sentiments il faut de grandes âmes,
Des cœurs qui ne soient pas trempés du lait des femmes,
Des yeux forts où le jour de ce grand siècle ait lui,
1.370 Une poitrine d'homme!... Albert le comprend, lui!
* Il ne pleurniche pas comme un enfant qu'on sèvre,
* Il n'a pas comme vous que du lait sur la lèvre,
* Son œil sait voir plus loin que le nid dont il sort;
* Son esprit s'élargit au niveau de son sort.
1.375 Digne de ce grand drame auquel il participe,
Il aime le consul de cœur et de principe:
C'est le monde qu'en lui son cœur croirait trahir.
Quand le maître est un Dieu, la gloire est d'obéir!
N'est-ce pas, mon Albert?

ALBERT.

À ces mots mon cœur vibre.
1.380 Mon père m'a fait homme, oui, mais lui m'a fait libre; *
Il a fait pénétrer dans mon obscurité
Le jour éblouissant de toute vérité.
Dans l'esclavage abject dont mon sang fut l'emblème,
Il m'a dit: «Sois l'égal des blancs et de moi-même.»
1.385 Ses sages, respectant en moi l'humanité,
M'ont appris leur sagesse et leur fraternité!
Comme un germe futur de quelque grande chose,
Que d'une main soigneuse on plante et l'on arrose,
Il m'a vivifié d'un souffle réchauffant
1.390 Pour grandir tout un peuple, un jour, dans un enfant:

Il veut faire de nous le nœud du nouveau pacte
Qu'avec l'autre univers le vieux monde contracte.
Le noir civilisé, devenu citoyen,
Confondra de Toussaint le nom avec le sien.
1.395 Ah! que sa volonté dans son sort soit bénie!
Comprendre un grand dessein, c'est s'unir au génie!

SALVADOR.

Voilà parler, mon fils!

À Isaac.

Tu ne comprends pas, toi.

ISAAC.

Vous savez que mon frère a plus d'esprit que moi.

SALVADOR.

Votre raison aussi grandira, je l'espère.

ISAAC.

1.400 Oh! je l'aimerai bien, s'il nous rend à mon père.

SALVADOR, *à part.*

Mon père! et puis toujours mon père! Enfant borné,
Qui ne saurait laver le sang dont il est né.

Haut.

Sachez, monsieur, que l'homme à qui l'on doit la vie
Est moins que l'homme à qui l'on doit une patrie.
1.405 Le hasard donne un père, on ne le choisit pas:
On choisit le héros, on s'attache à ses pas;
* En suivant le sentier que sa gloire nous trace,
*Il est beau d'oublier sa famille et sa race;
*On s'élève avec lui jusques à des hauteurs
1.410 *D'où l'œil n'aperçoit plus ces viles profondeurs.
On est homme, monsieur, on n'est plus fils ou frère!
Pour moi, si le consul luttait avec mon père,
J'arracherais mon cœur s'il battait incertain
Entre l'homme de chair et l'homme du destin.

ISAAC, *bas avec dégoût.*

Cet homme fait horreur!

SALVADOR.

1.415 Enfants, voilà la gloire!

ALBERT.

Il est un plus beau sort, ah! laissez-nous-le croire!
C'est de confondre enfin, dans un égal amour,
Et le héros et l'homme à qui l'on doit le jour;
D'essayer d'être entre eux le nœud qui les rassemble,
1.420 D'aimer les deux en un, de les servir ensemble,
Et de faire à la fois, en les réunissant,
Le bonheur de sa race et l'honneur de son sang.
Mais la sœur du consul vient avec son cortège,
Elle monte un cheval aussi blanc que la neige:
1.425 Comme ses cheveux noirs, à chaque mouvement,
Découvrent à demi son visage charmant!
L'animal semble aimer le frein qui le manie:
La sœur a la beauté, le frère a le génie:
L'un règne par le fer, l'autre par ses appas.

SALVADOR.

1.430 Le général Leclerc accompagne ses pas.

SCÈNE CINQUIÈME

LES PRÉCÉDENTS, BOUDET, MADAME LECLERC, LECLERC, FRESSINET, ROCHAMBEAU, FERRAND, GÉNÉRAUX, OFFICIERS, AIDES DE CAMP, SOLDATS.

Les officiers et les généraux arrivent successivement sur la scène. — Le général Leclerc, accompagné de ses aides de camp, passe au fond du théâtre, inspecte, d'un coup d'œil rapide son état-major et sort. — Madame Leclerc, en costume d'amazone, entre accompagnée de deux dames d'honneur et suivie de deux petits nègres qui tiennent la queue de sa robe. — Les officiers se retirent et suivent le général.

MADAME LECLERC.

Oh! quel camp pittoresque! Oh! que je suis contente
De monter à cheval, d'habiter une tente!
Qui l'aurait jamais cru? Comme ils seront surpris
Et jaloux quand ils vont le savoir à Paris!

À une des femmes qui l'accompagnent.

1.435 C'est bien plus séduisant encor que Cléopâtre.
Ils représenteront cette scène au théâtre;
Ils peindront sous mes traits la seconde Vénus,
Se mêlant aux guerriers comme au bord du Cydnus,
Adoucissant le joug qu'impose ici mon frère
1.440 Et conquérant les cœurs quand il soumet la terre!
On fera mes portraits, on dira: «La voilà!»

Aux enfants.

C'est pourtant vous, petits, qui me valez cela.
C'est pour ces vilains noirs que je hais,

Albert fait un geste de douleur.

Et que j'aime,

Elle se rapproche d'Albert et met la main sur son bras en souriant.

Que ce front, destiné peut-être au diadème,
1.445 Va ravir des soldats dans ce simple appareil,
Et, pour comble d'horreur, se hâler au soleil.
Je vous déteste bien, allez... mais je pardonne.
Si la tente est jolie; allons voir.

Madame Leclerc sort suivie de son cortège; Albert et Isaac l'accompagnent.

ALBERT.

Qu'elle est bonne!

SCÈNE SIXIÈME

TOUSSAINT, ADRIENNE, SOLDATS, puis MADAME LECLERC.

Quelques soldats, détachés des travaux du fort, marchent sur la cabane de Toussaint pour la démolir. — Adrienne se jette à leurs pieds. Toussaint lève les bras vers eux et semble les supplier.

UN SOLDAT.

Ah! chien de moricaud!

UN AUTRE SOLDAT.

Ah! noirs et négrillons!
1.450 Au diable! allez ailleurs planter vos pavillons!

ADRIENNE, *joignant les mains.*

Ah! messieurs — un aveugle! — hélas! si peu de place.
Où voulez-vous qu'il aille?... Oh! laissez-nous, de grâce!

UN SOLDAT.

Non, non, exécutez l'ordre des commandants;
Tous les nègres dehors! Point d'ordures dedans.

À un de ses camarades en tirant Toussaint dehors par ses haillons.

1.455 Il est plaisant, dis donc, ce lézard sans écailles
Qui croit que pour son trou l'on a fait ces murailles.

TOUSSAINT.

Non, nous mourrons ici.

ADRIENNE.

Prenez pitié de nous!

TOUSSAINT.

Par votre toit natal!

ADRIENNE.

J'embrasse vos genoux!

UN SOLDAT, *secouant les lambeaux de la tente de Toussaint et ricanant.*

Ah! ah! vieille araignée! ah! c'est là que tu couches?

UN AUTRE SOLDAT, *à Toussaint.*

1.460 Dans tes toiles, dis donc, crois-tu prendre des mouches?

UN AUTRE SOLDAT.

Va, tes meubles infects sont bientôt balayés.
Sapeurs, déménagez sa case avec les pieds.

Des soldats se préparent à arracher les piquets de la tente.

TOUSSAINT, *embrassant les piquets de la tente pour les défendre.*

Non! c'est le seul asile où s'abrite ma vie,
Ensevelissez-moi dessous.

MADAME LECLERC, *revenant sur ses pas, suivie de l'état-major du général, et apercevant Toussaint aux prises avec les sapeurs.*

Qui donc s'écrie?
1.465 Quel tumulte indécent?... Que veut-on à ce noir?
Soldats! cessez ce jeu. Vous, Albert, allez voir.

ADRIENNE, *se faisant jour à travers les soldats, s'arrête un instant en voyant madame Leclerc; elle lève les mains, bondit vers elle, puis semble faire un effort sur elle-même, et dit à part:*

C'est elle dont Albert... Oh! oui, j'en suis certaine;
Bien plus qu'à sa beauté, je le sens à ma haine!
Si j'écoutais mon cœur!... Mais pour sauver Toussaint
1.470 Faisons taire à présent mon amour dans mon sein!

Elle se jette aux pieds de madame Leclerc.

MADAME LECLERC.

Oh! la jolie enfant! Qu'avez-vous, ma petite?

ADRIENNE, *faisant semblant de sangloter.*

On arrache mon père à ce toit qu'il habite...
Aveugle et mendiant où conduire ses pas?
C'est le seul coin de terre à nous deux ici-bas.
1.475 Cette place était libre et pour nous assez bonne;
Hélas! nous n'y cachions le soleil à personne!
En glanant le maïs sur les sillons d'autrui,
J'y nourrissais mon père et j'y voyais pour lui.
Mais si l'on fait tomber le mur où je t'appuie,
1.480 Qui le garantira du vent et de la pluie?
Où le retrouverai-je en revenant le soir?

MADAME LECLERC, *à part.*

Vraiment, elle me touche avec son désespoir.

À Adrienne.

Quoi! votre père n'a que cet asile au monde?

À sa suite.

Quelle perle, pourtant, dans ce fumier immonde!

ADRIENNE, *à Toussaint qu'elle fait approcher en le conduisant comme un aveugle.*

1.485 Rendons grâces, mon père, à la bonté des blancs!
Laissez-moi devant eux guider vos pas tremblants...
Si vous pouviez la voir!

MADAME LECLERC, *à part.*

Mon Dieu! qu'elle est gentille!

À Toussaint.

C'est sans doute l'amour de sa pauvre famille.

TOUSSAINT.

Hélas! c'est le roseau que Dieu laisse à ma main!
1.490 Je n'ai qu'elle ici-bas et les bords du chemin;
On veut nous en chasser! Protégez-moi, madame;
Si belle de visage, on doit l'être de l'âme.
Que peut faire de mal un pauvre suppliant?
L'ivraie est à l'oiseau, la route au mendiant.
1.495 Le pied de l'aigle au ciel n'écrase pas l'insecte!

MADAME LECLERC, *à sa suite.*

Ce vieillard parle bien; je veux qu'on le respecte,
Qu'on lui laisse son gîte. — Entendez-vous, soldats?

UN OFFICIER.

Madame...

MADAME LECLERC.

Point de mais!

UN OFFICIER GÉNÉRAL.

Cela ne se peut pas;
L'ordre du gouverneur est absolu.

MADAME LECLERC.

N'importe,
1.500 Si son ordre est cruel, je veux qu'il le rapporte.

À un aide de camp.

Priez le général de sortir un moment.

L'aide de camp sort et rentre presque aussitôt en ramenant le général Leclerc.

SCÈNE SEPTIÈME

LES MÊMES, LECLERC, GÉNÉRAUX, OFFICIERS, SOLDATS.

MADAME LECLERC.

Général, un seul mot!

LECLERC.

C'est un commandement.
Vous n'ordonnez jamais que le cœur n'obéisse.[5]

À part, à demi-voix.

On fait toujours le bien, en faisant son caprice.

MADAME LECLERC, *en souriant.*

1.505 Pas tant de compliments; plus de soumission.
Je prends ce pauvre noir sous ma protection,
Entendez-vous? Je veux qu'on respecte son gîte:
Un roi dort sous le toit que l'hirondelle habite;
Ce nid porte bonheur aux maîtres des palais.
1.510 L'aveugle a ses trois pas au soleil, laissons-les.

À part.

Cette enfant et son père ont remué mon âme.

LECLERC.

Qu'ai-je à vous refuser?

À Toussaint et à Adrienne.

Remerciez madame.

Aux officiers de sa suite.

Laissez ce pauvre aveugle en paix sous ses haillons.

À sa femme.

---

5 Un bourdon a fait sauter ce vers, que je cite d'après l'édition originale.

Adieu, Pauline!

MADAME LECLERC.

Adieu!

Elle sort suivie de son cortège.

LECLERC, *à l'état-major.*

Le conseil! travaillons!

SCÈNE HUITIÈME

LES MÊMES, moins MADAME LECLERC.

La tente de l'État-major est ouverte sur la scène. — Des soldats apportent des tambours dont ils font une table recouverte de housses de chevaux. — Des papiers, des cartes, des plumes, sont placés sur la table. — Le général Leclerc et cinq ou six généraux s'asseyent sur des caisses de tambour. — Isaac et Albert, assis derrière eux, assistent au conseil. — Les aides de camp, les officiers d'ordonnance, sont groupés debout, un peu en arrière des généraux. — Les rideaux de la tente sont levés du côté de la cabane de Toussaint. — Il est assis à sa porte, appuyé sur l'épaule d'Adrienne qui fait semblant de coudre de vieux morceaux de nattes déchirées.

LECLERC.

Écoutons le rapport.

SALVADOR, *lisant.*

1.515 «La même incertitude
Jette dans les esprits la même inquiétude.
L'officier est pensif, le soldat mécontent;
Le mulâtre, indécis, flotte; le noir attend.
De nos détachements envoyés à distance,
1.520 Aucun n'a rencontré la moindre résistance.
De Toussaint, pas un mot; quand on met l'entretien
Sur ce chef, on se coupe, on l'on ne répond rien.
* Il tient nos éclaireurs toujours sur le qui-vive;
* On l'attend d'heure en heure, et jamais il n'arrive.
1.525 * Sans paraître, partout il se fait annoncer
* Comme un homme incertain qui craint de prononcer.
* Cependant, chaque nuit, des déserteurs sans nombre

* S'échappent des quartiers et se glissent dans l'ombre;
* Vers le centre de l'île ils se dirigent tous,
1.530 * Comme si quelque doigt marquait le rendez-vous.
Un bruit court qu'au milieu de ces gorges profondes
Que défendent les bois, les rochers et les ondes,
Les mornes du Chaos, vastes escarpements,
Sont les points assignés à ces rassemblements.
1.535 * Mais nul ne peut encore en dire davantage...
* L'avalanche se forme au-dessus du nuage!
* Pour remplir nos greniers, et pour armer nos forts,
* L'escadre impatiente épuise ses renforts;
* La fièvre, tous les jours, nous réduit; et l'armée,
1.540 * Dans un cercle fatal, debout, mais enfermée,
* Se rongeant sur ce sol qui s'ouvre sous ses pas
* Y cherche un ennemi qu'il ne lui montre pas!»

LECLERC.

Parlez, messieurs, je vais écouter et débattre.

BOUDET.

Mon avis en deux mots: avancer et combattre!

FRESSINET.

1.545 Combattre?... contre qui? Tous les noirs sont soumis,
L'embarras est pour nous d'avoir des ennemis...
D'ailleurs, si par hasard la paix était sincère,
Vous en perdez le fruit en commençant la guerre:
Le grand volcan qui dort dans son calme profond
1.550 Éclate si l'on jette un grain de sable au fond!
Emparons-nous plutôt, sans brûler une amorce,
Des postes naturels où cette île a sa force.
Accoutumons ce peuple à nous voir hardiment
Ressaisir le pays et le gouvernement.
1.555 Des légitimes chefs reprenons l'attitude;
L'obéissance, au fond, n'est rien qu'une habitude.
Commandons! noirs ou blancs, le peuple est ainsi fait
Celui qu'il croit son maître est son maître en effet!

FERRAND.

1.560 Le conseil serait bon dans l'Europe asservie
À ces mille besoins qui composent sa vie,
* Où les peuples liés par leurs nécessités

* Sont des troupeaux humains parqués dans les cités.
* On possède un pays du haut des places fortes:
* Le peuple est à celui qui tient la clef des portes,
1.565 * Mais chez un peuple neuf la guerre a d'autres lois,
* Ses citadelles sont ses rochers et ses bois;
* Si l'on avance, il fuit; si l'on attaque, il cède.
* Ce qu'on foule du pied est tout ce qu'on possède...
Un seul moyen ici: ravagez ses sillons;
1.570 Fermez, murez ses champs avec nos bataillons!
La disette et le temps, mieux que vos projectiles,
L'amèneront dompté sous le canon des villes;
Il vous demandera des chaînes et du pain!

ROCHAMBEAU.

1.575 Oh! des Français combattre un peuple par la faim!
De ces atrocités déshonorer l'histoire!...
La retraite vaut mieux qu'une telle victoire;
* Mais la France interdit la retraite à nos pas:
* Quand on porte ses droits on ne recule pas.
1.580 * Écoutez: j'ai connu ce peuple encore esclave,
* J'ai vu l'île crouler sous sa première lave;
Nos revers, nos succès, m'ont appris à savoir
Où les noirs ont leur force et les blancs leur espoir.
Du nom de nation c'est en vain qu'il se nomme,
1.585 Ce peuple est un enfant: sa force est dans un homme!
Ne combattez qu'en lui toute sa nation!
Mettez un prix sublime à sa défection!
* D'un pouvoir souverain présentez-lui l'amorce;
* L'ambition fera ce que n'a pu la force:
1.590 * Tout cœur d'homme a sa clef par où l'on peut l'ouvrir,
* Il ne s'agit pour vous que de la découvrir.
* Vous la découvrirez: dans ces races sauvages,
* Le cœur en éclatant fait d'étranges ravages,
* S'il se gonfle d'orgueil ou se brise attendri;
1.595 * L'homme de la nature est vaincu par un cri!
Profitez du moment où ce cœur double hésite,
Atteignez à tout prix ce chef qui vous évite,
Ne lui refusez rien, gorgez sa passion;
Il vaut cela! Cet homme est une nation!

LECLERC.

1.600 Comment le découvrir? Dans tous ceux que j'envoie,
De sa retraite encor nul n'a trouvé la voie.
De mon âme à la sienne, il brise tous les fils.

Ces envoyés de paix, où l'aborderont-ils?

ROCHAMBEAU.

Où l'éléphant s'arrête, on voit passer l'insecte.
1.605 Si dans la main des blancs toute lettre est suspecte,
Cherchez pour la porter la main d'un mendiant
Noir, qui parmi les noirs se glisse en suppliant,
Et qui, jusqu'à Toussaint, se frayant une route,
Cache à ses yeux trompés l'envoyé qu'il redoute.
1.610 Il secoûra du pied le piège, irrésolu,
Mais il sera trop tard, le sauvage aura lu!

LECLERC.

Mais où trouver ce noir, qui, pour un vil salaire,
De l'âme de Toussaint affronte la colère?
* Quel misérable, assez abandonné du sort,
1.615 * Pourra mettre en balance un salaire et la mort?
* Le fond de la misère a-t-il un pareil être?
* Dans quel égout chercher?...

ROCHAMBEAU.

* Sous votre main, peut-être.

En montrant Toussaint.

Voyez sous ces haillons cet aveugle accroupi
Qui rêve un os rongé comme un chien assoupi;
1.620 Traînant, les yeux éteints, des jours près de s'éteindre,
Du courroux de Toussaint, hélas! que peut-il craindre?
Par l'offre d'un trésor tentez son cœur surpris;
Il irait aborder le tonnerre à ce prix!

LECLERC.

Qui? ce pauvre vieillard que protège Pauline?
Qu'il approche.

À part.

1.625 Souvent sa bonté m'illumine,
Souvent la destinée aime à récompenser
Par un succès le bien qu'elle m'a fait penser!

Haut.

Je veux l'interroger.

À un aide de camp.

Allez, qu'on l'introduise,
Et que sans crainte ici sa fille le conduise.

SCÈNE NEUVIÈME

LES PRÉCÉDENTS, TOUSSAINT, ADRIENNE.

Toussaint, conduit par Adrienne, affecte tous les signes de respect et de crainte.

TOUSSAINT.

1.630 Ciel! où me conduit-on?... Ma fille, où sommes-nous?...
Grâce! grâce! bons blancs!

LECLERC.

Vieillard, rassurez-vous.
La main qui vous dérange et qui vous importune
Est peut-être pour vous la main de la fortune.
Vous êtes...

TOUSSAINT.

Devant qui?

ADRIENNE.

Quel terrible appareil!

LECLERC.

1.635 Devant le gouverneur et devant son conseil.

TOUSSAINT.

Devant le gouverneur? O ciel! quelle surprise!
Moi, que l'esclave insulte et que le chien méprise!
Que me veut-il?... Le pied des puissants d'ici-bas,
S'il voit le vermisseau, l'écrase sous son pas!

LECLERC.

1.640 Ne craignez rien, ami!... Dans l'Europe éclairée
Par ses nouvelles lois la misère est sacrée.
* L'homme est frère de l'homme, et le front du puissant
* Devant l'humanité grandit en s'abaissant!
* Entre le mendiant et le riche, la France
1.645 * Ne met dans son amour aucune différence.
Qui sert la république est grand devant ses yeux.
Voulez-vous la servir?

TOUSSAINT.

Aveugle, infirme et vieux,
Près de rentrer sous terre, où le vent me secoue,
Ne raillez pas, du moins, l'insecte dans la boue!

LECLERC.

1.650 Moi, railler un vieillard, un aveugle? Ah! c'est vous
Dont le mépris alors devrait tomber sur nous.

TOUSSAINT.

En quoi puis-je pourtant servir la république,
Moi, qu'un pauvre enfant mène?

LECLERC.

Écoutez! je m'explique:
Plus vous êtes obscur, infirme, humilié,
1.655 Plus dans votre poussière on vous foule du pied,
Plus vous pouvez servir l'œuvre qu'elle consomme. *

TOUSSAINT.

Vous avez bien raison, alors, je suis votre homme;
Mais conviendrai-je autant sous un autre rapport? *

LECLERC.

J'ai des secrets profonds d'où dépend votre sort,
1.660 Et le sort de l'armée et du monde peut-être,
À faire parvenir à Toussaint, votre maître.

TOUSSAINT, *frémissant.*

Votre maître!

LECLERC.

Un pareil message a du danger;
Je n'y puis employer la main d'un étranger;
Il faut qu'un noir, cachant le mystère qu'il porte,
1.665 Traverse l'île entière et franchisse l'escorte,
Et remette à Toussaint, dans sa fuite surpris,
La lettre dont la mort est peut-être le prix.
S'il meurt, la république adoptera sa fille;
S'il revient, tous les blancs seront de sa famille.
1.670 Sur le trésor public fixant son entretien,
La France lui fera le sort d'un citoyen.
Réfléchissez, vieillard...

TOUSSAINT.

C'est presque un suicide;
Mais je pense à ma fille et son sort me décide.
Si le prix de mon sang lui doit être payé,
1.675 Mon cœur d'aucun péril ne peut être effrayé.
J'irai!

ROCHAMBEAU.

Noble vieillard!

TOUSSAINT.

Mourir sera ma joie!

LECLERC.

Connaissez-vous celui vers qui je vous envoie?

TOUSSAINT.

Quoique si loin de nous et si haut parvenu,
De lui-même, je crois, il n'est pas plus connu.
1.680 Sous le même ajoupa le hasard nous fit naître,
Nous avons vingt-huit ans servi le même maître,
Et par les mêmes fouets nos bras encore ouverts

Gardent dans leurs sillons la dent des mêmes fers.

ROCHAMBEAU, *à part.*

La voix de ce vieillard est vibrante et sauvage,
1.685 L'âme étincelle encor sous la nuit du visage:
Il semble bien choisi pour un hardi dessein.

LECLERC.

Quel sentiment pour nous nourrit-il dans son sein?

TOUSSAINT, *frémissant.*

Quel sentiment pour vous?... S'il vous hait, s'il vous aime?

LECLERC.

Oui, répondez.

TOUSSAINT, *lentement et méditant sa réponse.*

Peut-être il l'ignore lui-même.
1.690 De la haine à l'amour flottant irrésolu
Son cœur est un abîme où son œil n'a pas lu,
Où l'amer souvenir d'une vile naissance
Lutte entre la colère et la reconnaissance.
Le respect des Français du monde triomphants,
1.695 L'orgueil pour sa couleur, l'amour de ses enfants,
L'attrait pour ce consul qui leur servit de père,
Leur absence qu'il craint, leur retour qu'il espère,
La vengeance d'un joug trop longtemps supporté,
Ses terreurs pour sa race et pour sa liberté,
1.700 Enfin, l'heureux vainqueur de ses maîtres qu'il brave,
Le noir, le citoyen, le chef, l'ancien esclave,
Unis dans un même homme en font un tel chaos
Que sa chair et son sang luttent avec ses os,
Et qu'en s'interrogeant lui-même il ne peut dire
1.705 Si le cri qu'il retient va bénir ou maudire.

Les généraux se regardent avec étonnement et effroi.

Soudain sera l'éclair qui le décidera;
Mais, quel que soit ce cri, le monde l'entendra.

Les généraux paraissent de nouveau se troubler.

Ne vous étonnez pas, Français, de ces abîmes
Où le noir cherche en vain ses sentiments intimes.
1.710 Comme le cœur du blanc notre cœur n'est point fait:
La mémoire y grossit l'injure et le bienfait.
En vous donnant le jour, le sort et la nature
Ne vous donnèrent pas à venger une injure;
Vos mères, maudissant de l'œil votre couleur,
1.715 Ne vous allaitent pas d'un philtre de douleur.
Dans ce monde, en entrant, vous trouvez votre place,
Large comme le vol de l'oiseau dans l'espace.
En ordre, dans vos cœurs, vos instincts sont rangés,
Le bien, vous le payez, le mal, vous le vengez.
1.720 Vous savez, en venant dans la famille humaine,
À qui porter l'amour, à qui garder la haine:
Il fait jour dans votre âme ainsi que sur vos fronts.
La nôtre est une nuit où nous nous égarons,
Lie abjecte du sol, balayure du monde,
1.725 Où tout ce que la terre a de pur ou d'immonde,
Coulant avec la vie en confus éléments,
Fermente au feu caché de soudains sentiments,
Et, selon que la haine ou que l'amour l'allume,
Féconde, en éclatant, la terre, ou la consume.
1.730 Nuage en proie au vent, métal en fusion,
Qui ne dit ce qu'il est que par l'explosion!...

ROCHAMBEAU.

Quel langage!

BOUDET.

On entend dans cette voix profonde
La lave qui bouillonne et l'Océan qui gronde.

ROCHAMBEAU.

Quelle race pourtant que celle où le soleil
1.735 Jette de tels accents dans un homme pareil!

LECLERC.

Revenons à Toussaint. Aime-t-il sa patrie?

TOUSSAINT, *avec une audace mal contenue.*

Sauriez-vous donc son nom s'il ne l'avait chérie?

LECLERC.

Sa femme?

TOUSSAINT, *s'oubliant un moment.*

Il n'en a plus... les monstres!

Se reprenant soudain.

Pardonnez;
1.740 Je répétais les noms qu'il vous avait donnés.
Les blancs ont fait mourir de faim dans la montagne
L'esclave dont l'amour avait fait sa compagne.

LECLERC.

Ses enfants?

TOUSSAINT, *avec un transport mal contenu.*

Ses enfants! ses fils?... Oh! demandez
S'il aime ses rameaux au tronc que vous fendez!
1.745 Quoi donc? n'aime-t-on pas dans toute race humaine
La mœlle de ses os et le sang de sa veine?...
Ses enfants! s'il les aime? Ah! s'il vous entendait!...

Avec indignation.

Il ne répondrait pas si Dieu le demandait!

Un repos.

Pour qui donc le plus vil, le dernier de sa race
1.750 Osa-t-il regarder la tyrannie en face?
Pourquoi donc, secouant un joug longtemps porté,
A-t-il joué son sang contre la liberté?
Pourquoi donc, ranimant une argile engourdie,
Épuisa-t-il son souffle à souffler l'incendie?
1.755 Était-ce donc pour lui, lui déjà vieux de jours,
Séparé de la mort par quelques pas bien courts,
Et qui, voyant la tombe où le noir se repose,

Ne se fût pas levé tard pour si peu de chose?
Non, c'était pour laisser à ses fils, après lui,
1.760 Le jour dont pour ses yeux le crépuscule a lui;
C'était pour qu'en goûtant ces biens qu'il leur espère,
Dans leur indépendance ils aimassent leur père,
Et qu'en se souvenant de lui dans l'avenir,
Ils mêlassent leur gloire avec son souvenir.

ALBERT, *bas à Isaac.*

Il pleure.

ISAAC, *bas à Albert.*

1.765 Et moi mes yeux se mouillent à ses larmes.

TOUSSAINT, *s'apercevant que sa sensibilité l'a trahi.*

Voilà comme il parlait quand il courut aux armes.

LECLERC.

Continuez.

TOUSSAINT.

Ses fils! ah! je les vois encor
Grandir autour de lui couvés comme un trésor;
Ils étaient deux — l'un noir, l'autre brun de visage,
1.770 Égaux par la beauté, mais inégaux par l'âge.
L'un se nommait Albert, l'autre Isaac. Tous deux
Répandaient la lumière et la joie autour d'eux.
Ses genoux, de leurs jeux continuel théâtre,
Rassemblaient sur son cœur le noir et le mulâtre;
1.775 Baisant leur doux visage, il aimait tour à tour,
Albert comme sa nuit, l'autre comme son jour,
Et cherchait sur leurs fronts, sous ses larmes amères,
La ressemblance, hélas! de leurs deux pauvres mères.
L'un était son Albert; Albert, son premier né,
1.780 Aux nobles passions semblait prédestiné;
Toussaint aimait en lui les reflets de son âme,
L'orgueil dans ses regards jetait de loin sa flamme;
L'autre, Isaac, son frère, on aurait dit sa sœur,
Pauvre enfant, d'une femme il avait la douceur!
1.785 Il embrassait son père avec tant de tendresse
Que Toussaint se sentait fondre sous sa caresse,

Il disait à l'enfant souriant dans ses bras:
«Albert sera ma gloire et toi tu m'aimeras.»

Avec attendrissement.

Pauvres petits, hélas! qu'ont-ils fait de leur grâce?
1.790 Il me semble les voir et que je les embrasse.

En étendant les bras.

Isaac! mon Albert!... Pardon, je les aimais
Comme un père... Oh! Toussaint, les verras-tu jamais?

À ces mots, Albert croit reconnaître l'accent de son père; il se lève comme en sursaut de la table où il était accoudé, la tête sur ses mains, et fait un mouvement instinctif comme pour répondre et pour s'élancer.

ALBERT.

Je croirais, si la vue aux sons était pareille,
Que la voix de mon père a frappé mon oreille...

ISAAC, *s'approchant de Toussaint.*

Vous nous connaissez donc?

SALVADOR, *aux enfants.*

1.795 Silence! ou parlez bas.

TOUSSAINT, *ouvrant convulsivement ses bras à Isaac pour l'embrasser et les refermant soudain par réflexion.*

Qu'avez-vous dit?... Moi!... Vous!... Je ne vous connais pas!

LECLERC, *à Salvador.*

Écartez cet enfant qui trouble sa réponse.

On écarte un peu l'enfant.

Du retour de ses fils s'il recevait l'annonce;
Si, pour prix de la paix rendue à ces climats,
1.800 La France remettait ses enfants dans ses bras,
Mettrait-il en balance, à ce don d'une mère,
L'ambition du chef et le bonheur du père?

TOUSSAINT.

Ses enfants!... Oh! je sens!...

Il se reprend soudain.

Je crois qu'en ce moment
Il donnerait le ciel pour leur embrassement

LECLERC, *à Rochambeau.*

La plume, général?

À Toussaint.

Vous, attendez là.

SCÈNE DIXIÈME

LES PRÉCÉDENTS, UN AIDE DE CAMP, MOïSE.

UN AIDE DE CAMP *fend la foule pour pénétrer vers l'état-major. Il conduit par la main le général Moïse.*

1.805 Place!
Place! messieurs! Voyez, c'est un ami qui passe.

Les rangs s'ouvrent, l'aide de camp amène le général Moïse au gouverneur, qui se lève.

Un des généraux noirs vient de passer à nous
Avec son corps d'armée... Il est là... devant vous.

LECLERC.

Votre nom, général?

MOïSE.

Le général Moïse,
Le neveu de Toussaint.

LECLERC.

1.810 Quelle heureuse surprise!

MOïSE.

Le neveu de Toussaint dans ses secrets admis,
Oui, mais l'ami juré de tous ses ennemis!
Ce tyran de nos maux a comblé la mesure,
Et mon patriotisme a vaincu la nature.
1.815 L'orgueil a corrompu ce chef ambitieux,
Et tyrans pour tyrans, les plus grands valent mieux!
Je viens pour vous servir en servant ma vengeance!
Parlez, avec ses chefs je suis d'intelligence;
Tous ses projets par moi vous seront révélés
Comme si vous étiez dans ses conseils.

LECLERC.

1.820 Parlez!
Quels sont ses vrais desseins?

MOïSE.

De combattre la France.

LECLERC.

Pour la liberté?

MOïSE.

Non, pour lui!

LECLERC.

Son espérance?

MOïSE.

De lasser par le temps l'armée, et de l'user
Comme on use le fer qu'on ne peut pas briser.

LECLERC.

Sa tactique?

MOïSE.

Le temps.

LECLERC.

Ses manœuvres?

MOïSE.

1.825 La ruse,
Ce doute qu'il prolonge et dont il vous amuse,
Un invincible esprit absent, présent partout,
Ce peuple prosterné, mais à sa voix debout,
Son secret renfermé dans l'ombre de son âme,
1.830 Haïti tout entier en composant la trame.

LECLERC.

Après lui quelle main en tient le premier fil?

MOïSE.

Aucune.

LECLERC.

En quels déserts Toussaint se cache-t-il?
Par quelle embûche, enfin, le contraindre à se rendre?

MOïSE.

Entourer son repaire, et la nuit l'y surprendre.

LECLERC.

Qui le découvrira?

MOïSE.

Moi!

LECLERC.

1.835 Vous!... Quel digne prix
À ce service immense aux blancs avez-vous mis?

MOïSE.

Aucun... Je puis moi seul me payer.

LECLERC.

Homme étrange!

Quoi!...

MOïSE.

Je ne trahis pas, général, je me venge!

LECLERC.

Achevez... Quel indice à moi seul désigné
1.840 Guidera nos soldats vers le but assigné?
Hâtez-vous! Indiquez l'antre caché de l'île
Où l'on peut étouffer l'hydre dans son asile!

À ces mots, Toussaint, par un mouvement insensible et comme en rampant sur lui-même, s'approche par derrière du général Moïse, sans que l'état-major y prenne garde. — Le général Moïse regarde avec précaution autour de lui, comme un homme qui craint d'être entendu par un espion.

Parlez! ne craignez rien, nos officiers sont sûrs.

MOïSE, *à voix basse.*

C'est qu'il est des secrets qui transpercent des murs

Après avoir de nouveau regardé à droite et à gauche, sans voir Toussaint qui se baisse tout à fait derrière lui.

1.845 Écoutez! — Au milieu de ces montagnes sombres
Que d'épaisses forêts revêtent de leurs ombres,
Séjour inaccessible à tous les pas humains,
Où les lits des torrents tracent les seuls chemins,
Sous un antre fermé par des pins et des hêtres...

LECLERC.

Il est là?...

TOUSSAINT, *se dressant de toute sa hauteur devant Moïse, laisse couler à ses pieds ses haillons, ses yeux reparaissent, il tire un poignard de sa ceinture et le plonge dans la gorge de Moïse, en s'écriant:*

1.850 Non! il est partout où sont les traîtres!

Moïse tombe, la main sur la table du conseil. On se précipite pour saisir Toussaint; mais, à la faveur de la confusion, il s'élance en trois bonds sur la pointe du rocher qui forme le cap élevé sur la mer derrière la tente du conseil, et se lance dans les flots.
— Des Soldats arrêtent Adrienne. L'état-major se lance à sa poursuite vers le rocher et regarde l'abîme avec des gestes de colère et de surprise.
— Des Soldats accourent, gravissent le promontoire et font feu sur Toussaint.

* LECLERC.

* Son corps s'est-il brisé sur l'angle du récif?

* ROCHAMBEAU, *regardant et parlant lentement.*

* Non... Le voilà qui nage... Il démarre un esquif...
* Il déferle une voile... Il ouvre ses deux rames...
* Il fuit... Il disparaît sous l'écume des lames,

* LECLERC, *aux officiers.*

1.855 * Vite au port!... À la voile!... Allez!... Gagnez au vent!...
* Qu'on le prenne à la mer!... Courez ... Mort ou vivant!

FIN DU TROISIÈME ACTE

ACTE QUATRIÈME

Un vaste et sombre souterrain servant de prison sous les casemates du fort dans le camp français. — À gauche, de lourds piliers portent la voûte et interceptent çà et là la lumière qui tombe des poternes. — À droite, une porte basse et grillée en fer au haut d'un escalier humide et obscur. — Dans le fond, une grille fermée sur une cour. — Dans cette cour, une porte sur laquelle est écrit en grosses lettres: Ambulance.

SCÈNE PREMIÈRE

ADRIENNE, *assise sur un peu de paille, est enchaînée par les pieds et par les mains à un des piliers.*

Est-ce un lieu de supplice?... un cachot?... une tombe?...
Ah! si Toussaint est mort, qu'importe où je succombe?...
Depuis huit jours, hélas! s'il avait survécu,
1.860 Quelque sûr messager serait déjà venu
De sa nièce, en son nom, hâter la délivrance,
Ou faire luire au moins un rayon d'espérance.
Hélas! voir mon Albert par les blancs entraîné!
Voir par ses propres fils un père abandonné!
1.865 Moi-même partager, pour aimer ou maudire,
En deux moitiés mon cœur qui saigne et se déchire!
L'une à Toussaint et l'autre à son fils!... Oh! quel sort!
Ensevelissez-moi, ténèbres de la mort!

SCÈNE DEUXIÈME

ADRIENNE, SALVADOR, SERBELLI.

Adrienne est assise, les mains sur ses yeux, abîmée dans ses émotions. — On voit entrer à droite, par l'escalier, Salvador accompagné de son frère; ils causent ensemble à voix basse dans le compartiment du souterrain plus éclairé à droite du spectateur, séparés du souterrain par d'énormes piliers.

SERBELLI.

Voilà notre ambulance, et voici la sentine,
1.870 Réceptacle du vice et de l'indiscipline.

Il montre le souterrain à gauche.

SALVADOR.

Le général en chef me demande un rapport
Sur ces lieux, sur l'hospice... Et c'est un coup du sort,
Car c'est ici, je crois, qu'on jeta sous la porte
Ce serpent familier de Toussaint.

SERBELLI.

Que t'importe
Cette enfant?

SALVADOR.

1.875 Mais beaucoup... D'elle je puis savoir
Les projets de Toussaint, la retraite du noir.
Quand un péril menace, il n'est tel qu'un service
Pour changer en triomphe un moment de supplice.

SERBELLI.

Tu cours quelque péril?

SALVADOR.

Quel péril?... Ces gros murs
1.880 Ne répètent-ils rien?... Sont-ils sourds? sont-ils sûrs?

SERBELLI.

Aussi sourds que la pierre, aussi sûrs que l'oreille.

SALVADOR.

Ton sort dépend du mien: le soupçon nous surveille;
Le général en chef me montre de l'humeur;
On répand sur mon compte une vague rumeur,
1.885 On ose murmurer près de moi la menace,
On parle de départ, d'exil et de disgrâce;
Il faut par un service éclatant dissiper
Ce nuage qui cherche à nous envelopper.

SERBELLI.

Je ne te comprends pas... Quel soupçon?... quel service?

SALVADOR.

1.890 Je te dis que je marche au bord d'un précipice.
Leclerc m'a dit hier à l'ordre quelques mots
Qui d'un bruit général ne sont que les échos;
Ils ne sont que trop vrais, mais je croyais ma vie
Dans les plis de mon cœur cachée, ensevelie.
1.895 L'envie a découvert un coin de vérité,
On me fait un forfait d'une légèreté.
«Les noirs, m'a dit Leclerc, parlent d'enfant perdue
Autrefois dans cette île et de femme vendue;
Voyez, éclaircissez ces soupçons odieux:
1.900 La France doit cacher tout scandale à leurs yeux.
De votre nom, du nôtre effacez cette tache;
Découvrez cette enfant si cette île la cache,
Retrouvez cette mère, et par quelque bienfait
Rachetez tout le mal que vous leur auriez fait.
1.905 Faites bien l'examen de votre conscience,
Réparez, — à ce prix je mets ma confiance, —
Ou le consul instruit...»

SERBELLI.

Et qu'as-tu répondu?

SALVADOR.

En vain de son coup d'œil il m'a cru confondu...
J'ai juré que jamais, chez cette race abjecte,
1.910 Je n'avais profané ce cœur qui se respecte;
Que nulle enfant d'esclave, en cet impur séjour,
N'avait reçu de moi la honte avec le jour!...
Mes serments indignés ont scellé mon parjure;
Mais lui, feignant de croire et retirant l'injure,
1.915 M'a laissé lire au fond d'un oblique regard
Que sa crédulité n'était qu'un froid égard,
Qu'il soupçonnait encor même après cette épreuve,
Comme s'il attendait ou tenait quelque preuve.

SERBELLI.

Existe-t-elle?

SALVADOR.

Oui!

SERBELLI.

Oui... Comment l'anéantir?

SALVADOR.

1.920 En sachant dérouter comme j'ai su mentir.

SERBELLI.

Qu'espères-tu? voyons!

SALVADOR.

Retrouver cette fille,
Reste égaré par moi d'une fausse famille.
Les noirs de sa retraite ont, dit-on, le secret...
Cherche à t'insinuer dans leur cœur, sois discret.

SERBELLI.

1.925 Mais les noirs de son sort savent-ils le mystère?

SALVADOR.

Oui; va, feins d'exécrer le blanc qui fut son père,
Achète, au prix de l'or, l'enfant à ses gardiens,
Embarque-la sur l'heure à tout hasard, et viens
M'assurer que la mer avec cette bannie
1.930 Emporte tout témoin de mon ignominie.
Je me ferai bientôt un honneur d'un affront,
Et devant blancs et noirs, je lèverai le front.

SERBELLI.

Mais cet enfant, son nom... quel est-il?

SALVADOR.

Adrienne.

SERBELLI.

Il suffit.

SALVADOR.

Hâte-toi.

SERBELLI.

Va, ta cause est la mienne.

SALVADOR.

1.935 Et moi sur cet hospice, où respire la mort,
Je vais au général préparer mon rapport.
Tu me retrouveras dans ce lieu solitaire.

Serbelli sort.

Je voudrais enfermer l'entretien sous la terre!
Si par un espion il était entendu,
1.940 Je n'aurais plus qu'à fuir, et tout serait perdu.

Salvador ouvre la grille et traverse à pas lents la petite cour pour entrer à l'ambulance.

SCÈNE TROISIÈME

ISAAC, ADRIENNE.

On entend un léger bruit vers un soupirail. — Isaac se glisse à travers les barreaux et se précipite dans les bras d'Adrienne.

ISAAC.

Adrienne!

ADRIENNE.

Isaac!

Ils s'embrassent.

ISAAC.

O ma sœur!

ADRIENNE.

O mon ange!

ISAAC.

Elle!

ADRIENNE.

Lui!

ISAAC.

Nous!

ADRIENNE.

Rayon du ciel dans cette fange!

ISAAC.

Que dis-tu? Le cachot est un ciel avec toi.

ADRIENNE, *l'éloignant et le rapprochant pour le mieux voir.*

Oui, c'est bien lui!...

ISAAC.

Je pleure.

ADRIENNE.

Oh! frère, embrasse-moi.

1.945 Mais comment as-tu fait pour découvrir ma tombe?
Pauvre petit! as-tu des ailes de colombe,
Pour venir apporter dans cet affreux séjour
Un rayon à mon cœur plus doux que ceux du jour?

ISAAC, *naïvement.*

Tu ne trouves pas?

ADRIENNE.

Non.

ISAAC, *en souriant.*

La poterne d'entrée,
1.950 Soit la guerre ou le temps, est toute délabrée;
Il y manque un barreau... Je ne suis qu'un enfant;
Et je passe à travers!... oui, mais en étouffant.

ADRIENNE, *l'embrassant.*

Pour venir de Toussaint m'apporter les nouvelles
Si le vent y passait j'embrasserais ses ailes!
1.955 Mais quel esprit caché t'a dit que j'étais là?

ISAAC.

L'esprit qui me l'a dit, regarde: le voilà.

Il montre son cœur.

Depuis l'éclair soudain de la scène imprévue,
Où près du mendiant je t'avais entrevue,
Je soupçonnais toujours, et sans savoir pourquoi,
1.960 Que l'enfant qui menait l'aveugle, c'était toi.
Sous ces haillons impurs qui flétrissaient tes grâces
Je t'avais reconnue et je suivais tes traces;
Je ne sais quel instinct me faisait te chercher
Partout où je pensais qu'on pouvait te cacher.
1.965 Ce matin, en chassant, non loin des sentinelles,
De beaux insectes d'or dont j'enviais les ailes,
Fatigué de courir après eux, je m'assis
Tout seul au bord du camp, sur l'herbe du glacis;
Je regardais là-bas, là-bas dans les montagnes,
1.970 Bleuir l'Artibonite[1] à travers les campagnes;
Je m'essuyais les yeux et je voyais mes pleurs,
Sans les sentir couler, dégoutter sur les fleurs...
Et puis je les fermais, pour mieux voir, en moi-même,
Mon père, ma nourrice et toi... tous ceux que j'aime...
1.975 Le rêve était si clair et l'objet si présent,

1 Principal fleuve d'Haïti.

Que je vous embrassais, tiens! tout comme à présent.

Il l'embrasse.

Au milieu de l'extase où se brisait mon âme,
J'entendis tout à coup un triste chant de femme
Qui sortait du gazon, tout près, à quelques pas,
1.980 Faible, comme si l'herbe avait chanté tout bas;
J'y collai mon oreille afin de mieux entendre;
C'était ta voix, grand Dieu! ta voix mouillée et tendre;
Tu chantais d'un cœur gros et d'angoisse étouffant,
Cet air avec lequel tu me berçais enfant,
1.985 Tu sais: «Dors, oiseau noir, le colibri se couche...»
Tout mon être à l'instant s'envola sur ta bouche!
Je me levai, je vis un large soupirail
Que voilaient l'aloès et l'herbe à l'éventail;
Je plongeai mes regards dans ces ombres funèbres,
1.990 Mais je ne puis rien voir en bas que des ténèbres;
Je courus, je cherchai pas à pas tout le jour
À découvrir l'accès de ce morne séjour;
Je vis, par les barreaux d'une ancienne poterne,
Ce corridor voûté qu'éclairait un jour terne;
1.995 Je t'aperçus, mon cœur dans ton sein s'envola!
Tu me tendis les bras, j'y fus!... et me voilà.

ADRIENNE.

Te voilà! te voilà!... Fais donc voir ton visage,
Cher petit... embelli, mais non changé par l'âge;
De ces noirs souterrains affrontant l'épaisseur,
2.000 Courageux comme un frère et doux comme une sœur.

ISAAC.

Chère sœur!... Avant tout laisse que je délivre
Tes beaux pieds, tes beaux bras de ces anneaux de cuivre
Cruels anneaux! par eux tes membres entravés...
Laisse-moi tenter... Non... l'un dans l'autre rivés...
2.005 Malheureux! je ne puis seulement les détendre...
Hélas! ma main d'enfant est trop faible et trop tendre;

Mais si mon frère... Oh oui! j'y cours, comme autrefois.
Attends, nous revenons.

ADRIENNE.

Et nous serons tous trois!

ISAAC.

Trois! Ah! c'est vrai! lui seul doublera notre joie;
2.010 Pour qu'elle soit complète, il faut qu'il te revoie.
Oh! je cours le chercher.

Il s'élance vers la porte et revient avec quelque hésitation.

Oh! qu'il sera content
De revoir cette sœur dont je lui parle tant!

ADRIENNE.

Dont tu lui parles tant... Lui donc n'en parle guère?

ISAAC.

Il m'en parle aussi, lui, mais d'un ton plus sévère,
2.015 Pour me gronder parfois avec un air moqueur
Des puérilités qui remplissent mon cœur.

ADRIENNE, *avec un désespoir étouffé.*

Quoi! nos chers souvenirs, c'est ainsi qu'il les nomme!

ISAAC.

Oh! mais c'est que, vois-tu, mon frère est bien plus homme!
Les hommes! nos bonheurs, c'est trop petit pour eux.
2.020 C'est égal, de te voir il sera bien heureux.
Attends-nous.

Adrienne, avec un air de reproche, lui montre les fers rivés à ses pieds.

Oh! mon Dieu, je t'ai fait de la peine,
Étourdi, laisse-moi baiser au moins ta chaîne.

Il embrasse les fers d'Adrienne.

Que c'est froid! que c'est lourd! cela glace les doigts.

Il s'échappe.

ADRIENNE.

Ah! les mots qu'il a dits sont plus durs et plus froids.

SCÈNE QUATRIÈME

ADRIENNE, *seule.*

2.025 Je vais donc le revoir... Lui!... moi!... bientôt ensemble!...
Lui!... mais est-ce encor lui? Comme tout mon cœur tremble!
On dirait qu'il bondit... Misérable, et vers quoi?
Vers quelque froid coup d'œil qui va tomber sur toi,
Vers un de ces mots durs que l'embarras prononce,
2.030 Et dont la mort de l'âme est la seule réponse.
Si tu frémis ainsi de crainte et non d'espoir,
Ne valait-il pas mieux mourir sans le revoir?
Cette douleur du moins me serait épargnée
De craindre l'homme à qui mon âme s'est donnée.

SCÈNE CINQUIÈME

ADRIENNE, ISAAC, ALBERT, puis SALVADOR.

On entend limer et tomber un des barreaux de fer de la prison. Isaac saute le premier dans le souterrain; il donne la main à son frère, qu'il entraîne vers Adrienne. — Adrienne couvre plusieurs fois son visage avec ses mains comme craignant de voir Albert.

ISAAC, *laissant son frère à moitié chemin et sautant au cou d'Adrienne.*

Nous voilà!

Il s'aperçoit que son frère est resté en arrière, comme indécis et n'osant approcher.

2.035 Mais viens donc!... mais fais donc comme moi!
Tu vois bien que l'anneau la retient loin de toi.
Elle ne peut... mais toi, qu'as-tu qui te retienne?
Mais regardez-vous donc? Quoi! mon frère, Adrienne,
Muets l'un devant l'autre et sans lever les yeux!
2.040 Craindre de se revoir est-ce donc s'aimer mieux?

ALBERT, *avec une affectation sensible en s'approchant pour baiser la main d'Adrienne.*

Craindre de se revoir?

ADRIENNE.

Se revoir et se craindre!
Albert! l'enfant l'a dit, lui qui ne sait rien feindre.

Elle serre convulsivement la main d'Albert dans ses mains enchaînées.

Est-il vrai?... Trompe-moi... Non, plutôt, dis-moi tout.
Si tu dois me tuer, que ce soit d'un seul coup.

ALBERT, *agenouillé et regardant Adrienne.*

2.045 Adrienne, Adrienne! oh! pourquoi d'un reproche
Empoisonner ainsi l'instant qui nous rapproche?

ADRIENNE, *lui montrant du doigt les voûtes souterraines.*

Ah! si le sort devait nous rapprocher un jour,
Était-ce ainsi, mon frère, et dans un tel séjour?

Moi dans ce noir cachot où l'on m'enterre vive,
2.050 Et toi l'ami des blancs dont je suis la captive!
Quoi! tu ne rougis pas d'être libre en ces lieux,
Où la main des tyrans nous obscurcit nos cieux!

Pendant ces derniers mots d'Adrienne, on voit Salvador entrer en se glissant dans le souterrain par une autre porte, et, caché à demi par l'ombre d'un pilier, il écoute.

ALBERT.

Pourquoi contre les blancs ces anciennes colères?
Un préjugé de moins, ces tyrans sont nos frères.

ADRIENNE, *montrant ses mains enchaînées.*

2.055 Ta sœur est dans les fers, et c'est toi qui le dis!

ALBERT.

Dieu! j'oubliais! pardonne! Oh! oui, je les maudis!
Périssent mille fois ceux qui la profanèrent!
Honte et mort aux cruels dont les mains l'enchaînèrent!
Quoi! sa beauté, ses pleurs n'ont pu les désarmer!
Quel crime as-tu commis?

ADRIENNE.

2.060 Le crime de t'aimer!
Le forfait odieux d'avoir servi ton père,
Afin de retrouver, lui, son fils, moi, mon frère!
À tes yeux fascinés est-ce là leur vertu?

ALBERT.

Non! c'est là leur erreur!

ADRIENNE.

Quoi! les en absous-tu?

ALBERT, *attendri.*

2.065 Les absoudre des pleurs que ton amour te coûte,
Moi, dont le sang voudrait t'en payer chaque goutte!

Il la presse dans ses bras.

ISAAC, *les enlaçant tous deux dans ses petits bras.*

Oh! moi, je disais bien que quand nous nous verrions,
Tous trois dans un seul cœur nous nous retrouverions.

ADRIENNE.

Mon Albert, est-il vrai?... Dis!... ta sœur et ton père
2.070 Auront-ils reconquis ton âme tout entière?

ALBERT.

Oui, je cours implorer ces hommes inhumains,
Et ces fers devant toi vont tomber sous leurs mains.

ISAAC.

Sous leurs mains? qu'as-tu dit? Non, non, chère Adrienne,
Ils les aggraveraient... qu'ils tombent sous la mienne.

Il court vers la grille, ramasse la lime qui a servi à couper un barreau pour introduire Albert, et l'apporte à son frère.

2.075 Tiens, mon frère!... voilà, voilà nos libertés,
Ces fers!... c'est pour nous seuls qu'elle les a portés;
Oh! que nulle autre main du moins ne l'en délivre!
Ouvrons-lui la campagne... hâtons-nous de l'y suivre…

Albert lime précipitamment les chaînes. — Adrienne, délivrée, se précipite dans les bras d'Albert.

ADRIENNE.

Mon Albert!... Être libre, et par toi! quel moment!...
Toussaint! voilà ton fils!

ALBERT.

2.080 Et voilà ton amant!

ADRIENNE.

Qu'as-tu dit?... Est-il vrai?... redis-le-moi, prolonge,
Oh! prolonge l'extase où ce doux nom me plonge,
On avait donc menti! tu n'as rien oublié;
Ton cœur de mon amour n'est point humilié?
2.085 Tu n'as donc pas rougi de cette pauvre noire,
Qui faisait de son âme un trône à ta mémoire!
Tu t'en ressouvenais de si haut, de si loin!...
Oh! de l'entendre encor, mon Albert, j'ai besoin!
Oh! dis-moi, redis-moi ces doux noms de tendresse,
2.090 Dont le son pour mes sens est plus qu'une caresse,
Oh! dis-les et fuyons! j'embrasse tes genoux,
Je t'entraîne à ton père, à l'amour.

SALVADOR *s'élance furieux de l'ombre du pilier qui le cache et paraît comme un fantôme terrible entre les deux amants.*

Taisez-vous!

À Adrienne.

Reptile venimeux à la langue de femme,
Qui lançais tes poisons à l'ombre dans leur âme,
2.095 Attends... dans ton venin ce pied va t'écraser.

À part.

Le foyer de la haine allait les embraser.
Séparons-les!

À Albert et à Isaac.

Sortez à l'instant!... Sentinelles,
Emmenez aux arrêts ces deux enfants rebelles.
Que l'on veille sur eux, — qu'on ne les quitte pas:
2.100 L'oreille à leurs propos et l'œil à tous leurs pas.

Les soldats entraînent les deux fils de Toussaint.

SCÈNE SIXIÈME

ADRIENNE, SALVADOR.

SALVADOR *se parle à lui-même en se promenant à pas rapides sur la scène.*

Encore quelques mots de leur nid, de leur père,
Qu'envenimait si bien sa langue de vipère,
Et je perdais sur eux mon ascendant vainqueur!
Grand Dieu! je l'ai perdu peut-être dans leur cœur!
2.105 À tout prix au consul ma parole en doit compte.
Si j'y manquais... sur moi malheur, ruine et honte!
De cet amour grandi dans le sein d'un enfant
Puis-je être désormais le maître en l'étouffant?
L'absence à cette fièvre est-elle un sûr remède?
2.110 Non, il faut appeler le mépris à mon aide,
Et que l'orgueil d'Albert, sa grande passion,
Soit contraint à rougir de cette émotion...
On pourrait... Elle est jeune, innocente... oh! scrupule!
Quoi! devant un remords un grand dessein recule!
2.115 Cela m'arrêterait?... Eh! qu'importe, après tout,
Sur quoi l'on a marché quand on arrive au bout?

ADRIENNE, *qui a examiné le portrait de son père, poussant un cri et tombant aux pieds de Salvador.*

Je me meurs à ses pieds, mon Dieu!

SALVADOR *la soulève évanouie et regarde le portrait.*

Songe ou vertige!...
Est-ce une vision qui sur mes yeux voltige,
Et qui, réunissant des souvenirs épars,
2.120 En compose un fantôme et raille mes regards?
Dissipons ce fantôme en le fixant en face.
Devant l'œil bien ouvert tout miracle s'efface:
Regardons!

Il s'avance vers le jour et regarde mieux.

Encor moi! Toujours moi, moi toujours!...
Oh! visible remords d'importunes amours!
2.125 Serait-ce?... oui, c'est moi, c'est bien l'habit et l'âge,
C'est bien là mon portrait... ce ridicule gage
D'un vil attachement, qu'en quittant ces climats
Je laissai plus léger que le vent dans mes mâts!
Comment est-il ici, sur elle?... Quelle idée!...
2.130 Mon âme a beau la fuir, elle en est obsédée...
C'est sa mère en mourant qui, par un vœu secret,
Au cou de l'orpheline aura mis ce portrait,
Afin qu'un jour... (l'amour jamais ne désespère)
Elle pût rechercher et retrouver son père!...

À Adrienne, en la soulevant de nouveau.

Parlez, ouvrez les yeux.

Adrienne fait un léger mouvement. — Le moine traverse la cour et ouvre la grille, puis reparaît bientôt sous le souterrain.

ADRIENNE.

2.135 C'est lui, je le revois.

SALVADOR, *lui montrant le portrait.*

Ce portrait, quel est-il?

ADRIENNE.

Mon père! rends-le-moi!

SALVADOR, *égaré.*

Son père! oh! oui, c'est elle! — Et dans le gouffre infâme
Ce que je repoussais du pied, c'était mon âme!
C'était ma fille! O crime! ô rare impiété!
2.140 Ma fortune s'écroule au cri qu'elle a jeté!
* Ma honte, dans mon cœur si longtemps endormie,
* M'étouffe par sa voix sous ma propre infamie!
* Non, non, la voix du sang n'est pas un préjugé!
* Je niais le remords, le remords s'est vengé.
2.145 Sur le port, à mon frère, il faut que je l'envoie!
Mais, comment? Qu'elle parle ou qu'ensemble on nous voie,
C'est ma perte!... Quelqu'un?...

Le moine traverse le compartiment éclairé sous le pilier de droite.

Un moine dans ces lieux!...
Quel espoir! s'il daignait soustraire à tous les yeux
Cette enfant que j'arrache à ce séjour de honte[2]
2.150 Et dont nul à sa croix ne demandera compte.

2 Dans une première version manuscrite, Adrienne était enfermée dans une prison pour filles de joie. Quatre vers de la tirade de Salvador de l'édition originale ont été supprimés sur la scène et dans l'édition de 1863:

2113 * Il faut plus... Oui, j'y songe. Il faut que dans la lie,
* Dans l'écume des camps profanée et salie,
* Cette fleur des déserts balayés à l'égout,
* Devienne aux yeux d'Albert un objet de dégoût!

SCÈNE SEPTIÈME

LES PRÉCÉDENTS, LE PÈRE ANTOINE.

SALVADOR.

O ministre sacré des charités de Dieu,
Approchez!... un bienfait vous attend en ce lieu!
Osez-vous m'assister dans un pieux mystère,
Prêter à ma pitié votre saint ministère?

LE MOINE, *épiant de l'œil Adrienne.*

2.155 J'ose tout pour ravir une proie aux méchants.

SALVADOR.

Emportez cette enfant seul à travers les champs;
Le grand air lui rendra sa force qui sommeille.
Trompez les yeux du camp et la garde qui veille;
Descendez vers le port, demandez Serbelli,
2.160 Mon frère... portez-lui ce dépôt et ce pli!

Il écrit deux mots sur des tablettes.

Un vaisseau doit partir... on sait... sa fuite est prête!
La bénédiction de Dieu sur votre tête!
Ne m'interrogez pas... vous saurez tout après.

LE MOINE, *saisissant Adrienne sous son bras.*

Je veux faire le bien, non savoir vos secrets.
Fiez-vous à ma foi, je réponds!...

SALVADOR.

2.165 Point de trace
Du pieux larcin, père!

LE MOINE, *bas.*

O Dieu! je te rends grâce.

Il s'éloigne en entraînant Adrienne évanouie sous les plis de sa large robe.

SCÈNE HUITIÈME

SALVADOR, *seul.*

De quel pesant fardeau m'allège le hasard!
Cachons bien ce portrait perfide à tout regard;
Demeurons étranger à toute cette affaire;
2.170 Puis, quand le temps aura divulgué ce mystère,
Accusons, le premier, l'or ou la trahison
Qui fait ainsi percer les murs d'une prison
Et qui, du vieux Toussaint servant les stratagèmes,
Sait dérober leur proie à nos geôliers eux-mêmes.
2.175 * Les vents pendant ce temps emporteront au loin
* De ce drame inconnu l'invisible témoin.
* Mais mon frère est bien lent à remplir son message.
* Il cherche... et j'ai trouvé... Le voilà!

SCÈNE NEUVIÈME

SALVADOR, SERBELLI.

SALVADOR.

Bon courage,
Mon frère! Le hasard m'a mieux servi que toi!
2.180 L'enfant que je craignais était là, devant moi!
De mes bras à l'instant un moine l'a reçue.

SERBELLI.

Un moine?...

SALVADOR.

À ses côtés tu l'auras aperçue.
Il te la conduisait. Retourne vite au port
La recevoir de lui... je t'écrivais... Il sort.

SERBELLI.

Un moine?...

SALVADOR.

Oui.

SERBELLI.

2.185 Guidant une enfant toute blême,
Une fille en haillons et du trépas l'emblème.

SALVADOR.

C'est cela même; il va la conduire au vaisseau,
Muni de ce billet revêtu de mon sceau.

SERBELLI.

Tu me l'as envoyé vers le port?...

SALVADOR.

Oui, te dis-je.
2.190 Pourquoi ces questions? Es-tu pris de vertige?

SERBELLI.

Malheureux! malheureux! dans quel piège imprévu?...

SALVADOR.

N'as-tu rien vu, cruel?...

SERBELLI.

Hélas! j'en ai trop vu!

SALVADOR.

Arrache-moi d'un mot à l'horreur de ce doute.
Ta parole me glace, elle me tue!

SERBELLI.

Écoute.
2.195 Tout à l'heure, en sortant du quartier général,
J'ai vu passer ce moine... oh! le moine infernal!...
Une fille en haillons, pâle, mais non sans grâce,
De son pied chancelant se traînait sur sa trace.
À peine hors des murs avaient-ils fait cent pas,
2.200 Qu'une troupe de noirs, qui les attend en bas,
S'élançant tout à coup d'une obscure embuscade,
Les a reçus tous deux; alors la cavalcade,
Fuyant à toute bride avec les deux captifs,
Poussant des cris de joie, a gagné les grands ifs.

SALVADOR.

Dis-tu vrai?...

SERBELLI, *lui indiquant la fenêtre.*

Vois!...

SALVADOR.

2.205 Comment devant eux reparaître?
Je passais pour cruel, vais-je passer pour traître? *

FIN DU QUATRIÈME ACTE.

ACTE CINQUIÈME

Les mornes du Chaos, près la source de l'Artibonite, qu'on voit rouler en cascade derrière le plateau où le camp de Toussaint est assis. — Sur la droite de ce plateau, on voit les rochers aigus d'un morne plus élevé couvert de neige à son sommet. — C'est la Crète-à-Pierrot, que Toussaint a fait fortifier. — Des arbres abattus, des ponts de bois jetés sur des précipices. — Des rocs accumulés, dressés en remparts, défendent cette formidable position retranchée. — Des vedettes, des sentinelles montrent çà et là leurs têtes et leurs baïonnettes. — Au-dessus des rochers la lune éclaire encore un peu le ciel. On voit poindre les premières lueurs du crépuscule à l'est.

SCÈNE PREMIÈRE

TOUSSAINT, LE PÈRE ANTOINE, DESSALINES, PÉTION, ADRIENNE, GÉNÉRAUX, OFFICIERS, SOLDATS DE L'ARMÉE DE TOUSSAINT, PEUPLE.

Toussaint est assis sur un tronc d'arbre renversé, recouvert d'une peau de panthère. — Les généraux noirs environnent Toussaint. — Le moine a relevé son capuchon; il essuie la sueur de son front. — Adrienne est accroupie à terre, le bras appuyé sur l'épaule de Toussaint. — Toussaint la regarde avec tendresse; il passe de temps en temps la main sur les cheveux de la jeune fille.

TOUSSAINT, *au moine.*

Le Dieu qui d'Abraham prévint le sacrifice
M'a rendu mon enfant...

Montrant Adrienne.

Que son sang te bénisse!
Toi qui fus l'instrument et la main du Très-Haut:
2.210 Tu vois qu'il n'a pas pris son esclave en défaut!
J'ai livré tout saignant tout mon cœur pour mes frères,
Daigne à mon holocauste ajouter tes prières!
Qu'il achève pour moi tes bienfaits commencés!

Est-il père des noirs? nous verrons!...

Le moine se retire les mains jointes et les yeux levés vers le ciel. Toussaint appelle d'un geste les généraux noirs et fait signe qu'on laisse approcher la foule.

SCÈNE DEUXIÈME

LES PRÉCÉDENTS, *moins* LE PÈRE ANTOINE.

TOUSSAINT.

2.215 Avancez,
Mes enfants, mes amis, frères d'ignominie,
Vous que hait la nature et que l'homme renie;
À qui le lait d'un sein par les chaînes meurtri
N'a fait qu'un cœur de fiel dans un corps amaigri;
2.220 Vous, semblables en tout à ce qui fait la bête!
Reptiles!...

Avec fierté.

Dont je suis le venin et la tête!
Le moment est venu de piquer aux talons
La race d'oppresseurs qui nous écrase... Allons!
Ils s'avancent; ils vont, dans leur dédain superbe,
2.225 Poser imprudemment leurs pieds blancs sur notre herbe:
Le jour du jugement se lève entre eux et nous!
Entassez tous les maux qu'ils ont versés sur vous,
* Les haines, les dédains, les hontes, les injures,
* La nudité, la faim, les sueurs, les tortures,
2.230 * Le fouet, et le bambou marqués sur votre peau,
* Les aliments souillés, les rebuts du troupeau;
* Vos enfants nus suçant des mamelles séchées,
* Aux mères, aux époux, les vierges arrachées;
* Comme un autre bétail, vous-mêmes, en un mot,
2.235 * Vendus et revendus ou par tête ou par lot;
Vos membres dévorés par d'immondes insectes,
Pourrissant au cachot sur des pailles infectes;

Sans épouse et sans fils vos vils accouplements,
Et le sol refusé même à vos ossements!
2.240 Pour que le noir proscrit, qu'il vive ou qu'il succombe,
Sans famille ici-bas, fût sans Dieu dans la tombe.
Rappelez tous les noms dont ils nous ont flétris,
Titres d'abjection, de dégoût, de mépris;
Comptez-les, dites-les, et dans votre mémoire
2.245 De ces affronts des blancs faisons-nous notre gloire!
Que ce soit l'aiguillon qui, planté dans la peau,
Fait contre le bouvier regimber le taureau;
Il détourne à la fin son front stupide et morne,
Et frappe le tyran, au ventre, avec sa corne.

Hourra.

2.250 * Vous avez vu piler, pour la poudre à canon,
* Le soufre, le salpêtre et le noir de charbon?...
* Sur une pierre creuse on les pétrit ensemble;
* On charge, on bourre, et feu! le coup part, le sol tremble!
* Avec ces vils rebuts de la terre et du feu,
2.255 * On a pour se tuer le tonnerre de Dieu!
* Eh bien, bourrez vos cœurs comme on fait cette poudre,
* Vous êtes le charbon, le salpêtre et la foudre!
* Moi, je serai le feu, les blancs seront le but...
* De la terre et du ciel misérable rebut,
2.260 * Fais voir, en éclatant, ô race enfin vengée,
* De quelle explosion les siècles t'ont chargée.

Plus bas et avec beaucoup de gestes.

Ils sont là!... là, tout près!... vos lâches oppresseurs!
Du pauvre gibier noir exécrables chasseurs;
Vers le piège caché que ma main sut leur tendre,
2.265 Ils montent à pas sourds et pensent nous surprendre.
Mais j'ai l'oreille fine, et bien qu'ils parlent bas,
Depuis le bord des mers j'entends monter leurs pas.

Il fait le geste d'un homme qui écoute, l'oreille à terre.

Chut!... leurs chevaux déjà boivent l'eau des cascades,

Ils séparent leur troupe en fortes embuscades,
2.270 Ils montent un par un nos âpres escaliers...

Avec énergie.

Ils les redescendront avant peu par milliers!

Il montre un gros bloc de rocher détaché.

Que de temps pour monter ce rocher sur la butte!
Pour le rouler en bas, combien?... une minute!...
Avez-vous peur des blancs?... Vous, peur d'eux! et pourquoi?
2.275 J'en eus moi-même peur... oui, mais écoutez-moi:
À l'époque où, fuyant chez les marrons de l'île[1],
Il n'était pas pour moi d'assez obscur asile,
Je me réfugiai, pour m'endormir, un soir,
Dans ce champ où la mort met le blanc près du noir,
2.280 Cimetière éloigné des cases du village;
La lune en tremblotant glissait sous le feuillage;
Sous les longs bras d'un cèdre où je l'avais tendu,
À peine mon hamac était-il suspendu,
Qu'un grand tigre[2], aiguisant ces dents dont il nous broie,
2.285 De fosse en fosse errant, vint flairer une proie.
Sa griffe sacrilège ouvrait le lit des morts;
Deux cadavres humains m'apparurent dehors:
L'un était un esclave et l'autre était un maître!...
Mon oreille, des deux l'entendit se repaître,
2.290 Et quand il eut fini ce lugubre repas,
En se léchant la lèvre, il sortit à longs pas.
Plus tremblant que la feuille et plus froid que le marbre,
Quand l'aurore blanchit, je descendis de l'arbre,
Je voulus recouvrir d'un peu du sol pieux
2.295 Ces os de notre frère exhumé sous mes yeux.
Vains désirs! vains efforts! de ces hideux squelettes
Le tigre avait laissé les charpentes complètes,
Et, rongeant les deux corps de la tête aux orteils,
2.300 En leur ôtant la peau les avait faits pareils.

---

1 On appelait «nègres marrons» — de l'espagnol *cimarrón* (sauvage) — ceux qui s'enfuyaient des plantations.

2 Il n'y a jamais eu de tigres à Saint-Domingue, mais peut-être y eut-il des chats sauvages par le passé.

Surmontant mon horreur, «Voyons, dis-je en moi-même,
Où Dieu mit entre eux deux la limite suprême?
Par quel organe à part, par quels faisceaux de nerfs,
La nature les fit semblables et divers?
2.305 D'où vient entre leur sort la distance si grande:
Pourquoi l'un obéit, pourquoi l'autre commande?»
À loisir je plongeai dans ce mystère humain:
De la plante des pieds jusqu'aux doigts de la main,
En vain je comparai membrane par membrane,
2.310 C'étaient les mêmes jours perçant les murs du crâne;
«Mêmes os, mêmes sens, tout pareil, tout égal
Me disais-je; et le tigre en fait même régal,
Et le ver du sépulcre et de la pourriture
Avec même mépris en fait sa nourriture!
Où donc la différence entre eux deux?... Dans la peur
2.315 Le plus lâche des deux est l'être inférieur!»
Lâches! sera-ce nous? et craindrez-vous encore
Celui qu'un ver dissèque et qu'un chacal dévore?
Alors tendez les mains et marchez à genoux,
Brutes et vermisseaux sont plus hommes que vous!
2.320 Ou si du cœur des blancs Dieu vous a fait les fibres,
Conquérez aujourd'hui le ciel des hommes libres!
La liberté sera le prix de nos efforts.

PÉTION.

Liberté pour nos fils et pour nous mille morts!

TOUSSAINT.

Mille morts pour les blancs et pour vous mille vies!
2.325 Les voici, je les tiens... Leurs cohortes impies
Sur nos postes cachés vont surgir tout à coup.
Silence jusque-là... puis, d'un seul bond, debout!
Qu'au signal attendu du premier cri de guerre,
Un peuple sous leurs pieds semble sortir de terre!...
2.330 Chargez bien vos fusils, enfants, et visez bien:
Chacun tient aujourd'hui son sort au bout du sien!
À vos postes!… Allez!

Ils s'éloignent. — Toussaint rappelle les principaux chefs et leur serre la main tour à tour.

À revoir demain, frère!
Ou martyrs dans le ciel, ou libres sur la terre!

Ils sortent.

SCÈNE TROISIÈME

TOUSSAINT, ADRIENNE.

Toussaint regarde ses lieutenants s'éloigner en levant les mains au ciel et en paraissant prier pour eux; puis il revient vers Adrienne, et, assis sur le tronc d'un arbre, il l'attire doucement près de lui.

TOUSSAINT.

Ah! laisse-moi, mon ange, avant le saint combat,
2.335 Reposer sur ton cœur ma vertu qui s'abat.
Hélas! j'enfante un peuple et, maudit sur la terre,
Seul, je n'ai pas d'enfant qui m'appelle son père!
Liberté de ma race, es-tu donc à ce prix,
Que pour sauver mon peuple, il faut perdre mes fils?...
2.340 Que pour sauver mes fils, il faut perdre ma race?...
Adrienne, où sont-ils? ô mon Dieu! grâce! grâce!...
Il me faut dépouiller tout sentiment humain,
Pour n'être plus, Seigneur, que l'outil dans ta main.

À Adrienne.

Ma fille, un homme sûr, sous le toit d'un créole,
2.345 S'apprête à t'emmener jusqu'à l'île espagnole.
Suis les pas de ce guide à qui je te remets,
Fuis ce fer et ce sang!

ADRIENNE, *l'étreignant avec force.*

Je vous l'ai dit: jamais!
Autant vaudrait-il dire au souffle de mon âme:
Sépare-toi du corps!...

TOUSSAINT.

O cœur mâle de femme,
2.350 Qui brise sans plier sous l'ouragan du sort,
Se retrempe au danger, s'affermit dans la mort!
* Se peut-il que ce sein, premier berceau des braves,
* Qui fait honte au héros, enfante des esclaves?
* Tu braveras le sang et la mort sans effroi?

* ADRIENNE.

2.355 * Mon œil ne verrait pas la mort derrière toi!

SCÈNE QUATRIÈME

LES PRÉCÉDENTS, ROCHAMBEAU, SOLDATS DE L'ARMÉE DE TOUSSAINT.

Les soldats amènent Rochambeau les yeux bandés à Toussaint.

UN SOLDAT NOIR.

Maître! maître! un espion!

UN AUTRE SOLDAT NOIR.

Pris vers la grande roche.

UN AUTRE SOLDAT NOIR.

Faut-il le fusiller?

ADRIENNE, *se jetant entre le blanc et le noir.*

Oh! pitié!

TOUSSAINT.

Qu'il approche.

Aux noirs.

Détachez ce bandeau qui l'empêche de voir.

On détache le bandeau. — À Rochambeau.

Qui cherchais-tu?

ROCHAMBEAU.

Toussaint.

TOUSSAINT, *s'indiquant lui-même.*

Regarde, ce vieux noir...

ROCHAMBEAU.

Vous raillez...

TOUSSAINT.

2.360 Le vengeur d'un peuple qu'on outrage,
Dans son corps contrefait doit en être l'image!
Tu me trouves trop vieux, trop laid pour un héros?
Plus le bois est noueux, mieux il brise les os:
Parle, que me veux-tu?

ROCHAMBEAU.

Mon général m'envoie
2.365 Apporter à ton cœur un message de joie.

Ces fils longtemps pleurés à qui tu tends les bras!...

TOUSSAINT, *s'élançant avec transport.*

Eh bien! mes fils!... mes fils?...

ROCHAMBEAU.

S'avancent sur mes pas.
De la fidélité, chez nous, nobles otages,
De la paix dans tes mains ils vont être les gages.
2.370 Ordonne aux postes noirs de les laisser passer,
Ils sont nos envoyés.

TOUSSAINT, *à part.*

Grand Dieu! les embrasser
Et mourir!...

Aux noirs.

Allez, vous! allez! Qu'en ma présence
Que leur escorte passe et demeure à distance.

Indiquant un arbre isolé.

Tenez, là!...

À Rochambeau.

Vous! courez hâter leurs pas trop lents,

Aux noirs.

2.375 Et vous! mort à qui touche un seul cheveu des blancs!

Rochambeau et les noirs sortent.

SCÈNE CINQUIÈME

TOUSSAINT, ADRIENNE.

TOUSSAINT, *très-agité.*

Dans mes vœux les plus chers enfin le ciel m'exauce;
Mes fils rendus!... Adieu mon attitude fausse!...
Adrienne, ils sont là, mes lionceaux!... tous deux!...
Ah! tout mon cœur bondit et vole au-devant d'eux!
2.380 Je ne me sens plus chef, je ne suis plus qu'un père,
Père plus faible, hélas! que la plus faible mère,
Qui sous le fer levé d'un cruel assassin
Serre et voudrait rentrer ses enfants dans son sein!

ADRIENNE.

Je vous l'avais bien dit, que le poison de gloire
2.385 N'avait pas pu tuer nos noms dans leur mémoire!
Qu'ils reviendraient au nid, en fidèles oiseaux,
Sitôt que de leur cage on romprait les barreaux.
Ils nous aiment...

TOUSSAINT.

Crois-tu!

ADRIENNE.

Le fruit vient des racines...
Les blancs n'ont pas changé les cœurs dans leurs poitrines.

TOUSSAINT, *à part.*

2.390 Oui; mais s'ils s'en servaient comme d'un traître appas,
Pour me percer le sein quand j'ouvrirai les bras?
Si, pendant les douceurs d'un entretien si tendre,
Désarmé par l'amour ils venaient me surprendre?...
Contre le noir stupide ils se servent de tout;
2.395 Ils font bêler l'agneau pour attirer le loup.

À Adrienne.

Écoute, mon enfant, pendant cette entrevue,
À défaut de Toussaint porte partout la vue.
Sur ces monts dominant tous les monts d'alentour,
Ce créneau de rocher surgit comme une tour;
2.400 C'est ma tour des signaux, c'est de là que se dresse,
Pour les yeux de mes chefs, le drapeau de détresse,
Drapeau noir comme nous, dont la couleur aux vents
Fait une tache au ciel comme nous aux vivants!...
Trente mille des miens, dont ce signe est l'étoile,
2.405 Ont les yeux attachés sur ce morceau de toile!
Immobiles, muets, et cachés l'arme au bras
Dans ces ravins profonds tant qu'il ne flotte pas,
Mais à son premier pli, si ma main le déploie,
S'élançant comme un tigre et croulant sur leur proie!...
2.410 Si l'on tend à mon cœur quelque piège inhumain,
Jures-tu d'élever ce signal dans ta main?

ADRIENNE.

À ton moindre clin d'œil, je saurai me résoudre.
Pour toi, pour mon pays j'allumerai la foudre!

TOUSSAINT, *l'embrassant.*

O naïf héroïsme! ô sublime vertu!

À part.

2.415 Digne sang de Toussaint, hélas! où coules-tu?
Entre mon fils et toi, Dieu! quelle différence!

Il va chercher le drapeau noir et le lui remet roulé dans les mains.

Tiens, reçois dans tes mains ma vie ou ma vengeance;
Regarde, écoute, épie, observe et comprends tout;
Prends garde au feu des blancs de t'exposer debout.
2.420 Mais dès qu'un bruit de pas, des voix, des feux, des armes,
Jetteront dans ton cœur le moindre cri d'alarmes,

Préviens mon geste même, et d'un ou deux élans
Monte et déploie en haut ce noir linceul des blancs!

ADRIENNE, *saisissant avec transport le drapeau et le pressant sur son cœur.*

Aux transports paternels livre-toi sans contrainte.
2.425 La main qui tient ton sort ne connaît pas la crainte.
Je veillerai sur eux; pas un de leurs soldats
Sans être signalé ne pourra faire un pas.

SCÈNE SIXIÈME

LES PRÉCÉDENTS, ALBERT, ISAAC, OFFICIERS, SOLDATS DE L'ARMÉE FRANÇAISE, GÉNÉRAUX, OFFICIERS, SOLDATS DE L'ARMÉE DE TOUSSAINT, PEUPLE, puis SALVADOR.

L'escorte des enfants de Toussaint gravit les pentes du camp; on distingue Salvador à la tête des soldats. — Quelques officiers noirs arrêtent l'escorte à une distance convenable. — Un noir fait sortir Albert et Isaac des rangs; ils s'élancent en courant de toutes leurs forces vers Toussaint immobile qui leur tend les bras. — Toussaint se dégage, pour les contempler; il reste comme enivré de leur vue.

TOUSSAINT, *touchant la tête de ses enfants tour à tour.*

O mes pauvres petits!

ALBERT, *retombant sur son sein.*

Ton Albert!

ISAAC, *se levant sur la pointe des pieds.*

Et moi, père?

ADRIENNE.

Mes frères!

ISAAC.

Adrienne!

ALBERT.

O joie!

TOUSSAINT, *élevant les mains au ciel.*

Et toi, leur mère,
2.430 Femme qui de douleur t'enfuis au firmament,
Mêle-toi de là-haut à cet embrassement![3]

Ils se groupent autour de Toussaint.

Moment surnaturel où mon âme ravie
Ressaisit dans mes bras toute ma jeune vie!...
Mes fils!... Est-ce bien vous dont je touche les fronts?

Il tombe à genoux.

2.435 Mettons-nous à genoux tous les quatre et pleurons!

Ses enfants se mettent à genoux comme lui.

Oh! oui, longtemps, longtemps, prolongeons cette extase!

À ses fils.

Faisons comme autrefois, vous savez?... dans la case!...
Quand nous nous retrouvions tous quatre réunis
Comme des passereaux réchauffés dans leurs nids...
2.440 Que la mère, mettant vos deux mains dans les siennes,
Vous faisait dire à Dieu vos oraisons chrétiennes,
Et les larmes aux yeux vous embrassait après!...

---

3 Toussaint semble oublier que ses fils sont de deux mères différentes, et même qu'il
...cherchait sur leurs fronts, sous ses larmes amères,
La ressemblance, hélas! de leurs deux pauvres mères. (III, ix)

ISAAC

Mère!...

ALBERT.

Elle n'est plus là...

TOUSSAINT, *un doigt sur sa bouche.*

Silence! elle est tout près!

À ses fils.

Ces prières d'enfants, sur ses genoux priées,
2.445 Ne les avez-vous pas chez les blancs oubliées?

ALBERT.

Un peu, père.

ISAAC.

Moi, non!

TOUSSAINT.

Dis-les, pauvre petit.
Quand je ferme les yeux, quand ta voix retentit,
Je la crois encor là! le doux temps recommence...

Avec délire.

2.450 Je suis au ciel, enfants! ou je suis en démence!...
Oh! mon Dieu! fais durer ces moments d'autrefois!

À Isaac.

Isaac! allons!

ADRIENNE, *naïvement.*

Lui n'a pas changé de voix.

ISAAC, *à genoux et les mains dans celles de son père.*

«Dieu descendu du ciel dans le sein d'une femme,
Pour porter nos travaux, pour délivrer notre âme;
Dieu né dans une étable et mort sur une croix,
2.455 Je prie, en ton saint nom ton père en qui je crois!
J'aime ta pauvreté, j'espère en ton supplice;
Par les gouttes de sang de ton divin calice,
Sanctifie, ô Jésus! sur le front du chrétien,
Les gouttes de sueur qui découlaient du tien!
2.460 Fais-nous par ton exemple honorer notre père,

Toussaint relève la tête avec orgueil.

Fais-nous croître et souffrir les yeux sur notre mère!
Donne-nous le repas des oiseaux du buisson,
Le grain qui sur le champ reste après la moisson,
Et, pour bénir l'état où tu nous as fait naître,
2.465 Un bon père là-haut!... sur la terre un bon maître!»

Toussaint se lève avec indignation; ses enfants étonnés se lèvent avec lui.

TOUSSAINT, *avec force.*

Un maître!... Qu'as-tu dit?... Le nègre n'en a plus!
Ces mots sont effacés, ces temps sont disparus!...[4]
Debout, enfants, debout, le noir enfin est homme!
Spartacus a brisé ses fers ailleurs qu'à Rome!
2.470 Un maître!... Ah! de ce mot tout mon cœur a saigné;
Il me rappelle, au cri de mon sang indigné,
Que mes fils dans mes bras sont le présent d'un traître,
Que j'ai des ennemis!... ah! oui! mais pas de maître!...

---

4 Toussaint n'a pourtant pas protesté lorsqu'au début de la scène IV un soldat l'a appelé: «maître».

À ses fils.

Vous venez, en leur nom, m'apporter leur mépris!
2.475 J'arracherais vos cœurs s'ils les avaient flétris!
Vous n'êtes plus mes fils, ma tendresse, ma joie;
Non, vous êtes l'esprit du blanc, qui vous envoie.
Maître!... c'est leur langage; ils usurpent ce nom!
Ils m'ont gâté mon sang!

ISAAC.

O mon père! pardon.

TOUSSAINT.

2.480 Embrasse-moi!... Loin, loin, toute parole amère!
Elle ferait gémir l'ombre de votre mère.
Tu ne le diras plus, ce mot injurieux.
Les blancs sont des larrons, le maître est dans les cieux!

Il regarde et touche leurs habits.

Ils ont changé sur vous l'habit de votre enfance;
Rougissez-vous de moi sous ce luxe de France?

ALBERT et ISAAC, *révoltés.*

Ah!

TOUSSAINT, *avec orgueil.*

2.485 Ce vieux mendiant a sous ses vils habits
Un empire et son nom à léguer à ses fils!
Laissons cela! — Chacun sent, selon sa nature,
Dans les dons du tyran la chaîne ou la parure;
* Le frein doux au cheval fait saigner le lion...
2.490 * L'un s'appelle douceur, l'autre rébellion!
* Pour savoir si je dois rendre grâce ou maudire,
* Parlez! au nom des blancs que venez-vous me dire?
Qu'apportez-vous?

ALBERT.

La paix.

TOUSSAINT.

2.495 La paix? Dérision.

ALBERT.

La liberté des noirs s'ils font soumission.

TOUSSAINT.

Soumission?

ALBERT.

La loi, non, ce joug lourd et rude...

TOUSSAINT.

Taisez-vous! point de paix avec la servitude!

ALBERT.

Entre les blancs et nous complète égalité,
2.500 Leur drapeau seulement couvrant la liberté.

TOUSSAINT, *ironiquement.*

Oui, comme le linceul recouvre les cadavres!

ALBERT.

Leurs troupes dans nos forts, leurs vaisseaux dans nos havres,
Mais...

TOUSSAINT, *lui coupant la parole.*

Leur poussière, va! tache encor nos genoux!
Qu'ils partent!... L'Océan, c'est la paix entre nous!

ALBERT.

2.505 Connaissez mieux des blancs le nouveau caractère:
De l'ennemi terrible ils distinguent le père.
«Allez, nous ont-ils dit, sans prix nous vous rendons,
Soyez entre ses mains le premier de nos dons;
De nous comme de lui pour que la paix soit digne,
2.510 Sans lui tenir la main nous voulons qu'il la signe!
Ou restez dans votre île, ou revenez amis;
Le Français affranchit même ses ennemis.»

TOUSSAINT.

Est-il vrai? Ce consul est-il donc plus qu'un homme!
De quel nom, mes enfants, faut-il que je le nomme?

ALBERT.

2.515 Nommez-le votre ami, car il nous aime en vous.
Si vous saviez les soins que son cœur prit de nous?
* Souvent l'auguste main qui pèse un monde et l'autre
* Se posa sur nos fronts douce comme la vôtre!
* On n'a pas condamné dans son secret dessein
2.520 * La race qu'on réchauffe ainsi contre son sein!
Ne vous a-t-il pas dit: «Tous deux grands, soyons frères:
La terre n'a qu'un astre, elle a deux hémisphères.»

TOUSSAINT, *réfléchissant et parlant par saccade.*

Ce mot énigmatique est clair quoique profond,
Un nuage le couvre, un empire est au fond!
2.525 * —Oui! l'oracle est obscur, mais on peut le comprendre,
* Devenir ton égal est-ce donc redescendre?
* —Ah! l'amour de mes fils, ma seule passion,
* Politique, nature, orgueil, ambition,

* Tout commande à mon cœur ce que leur voix m'inspire.
2.530 * —La guerre est un hasard; la paix est un empire.
* — De l'avenir des noirs présage triomphant!
* Un héros ne ment pas par la voix d'un enfant.

À ses fils,

Allez! portez aux blancs la réponse d'un père:
Mes bras sont désarmés si leur chef est sincère.

SCÈNE SEPTIÈME

LES PRÉCÉDENTS, LE PÈRE ANTOINE.

Pendant les derniers mots du monologue de Toussaint, le moine s'avance derrière lui, écoute, tire de sa robe une lettre, la déplie et la présente à Toussaint.

LE MOINE.

Sincère?... Écoute bien:

Il lit.

2.535 «Réunis tous les soirs,
Au cercle du consul, quelques amis des noirs
Ont paru. Le grand homme adressant la parole
À l'un d'eux: «Citoyen, vous vous trompez de rôle;
»Je suis blanc, ils sont noirs: ma peau, c'est ma raison!
2.540 »Votre philanthropie est une trahison!»

À ces mots Toussaint arrache la lettre des mains du moine et l'achève avec indignation.

TOUSSAINT.

Puis, ajoutant aux mots la colère du geste:
«Les amis imprudents d'un sang que je déteste
»Devraient s'envelopper dans des crêpes sanglants.

»La liberté des noirs sera le deuil des blancs!»

LE MOINE.

Voilà ton allié, Toussaint!

TOUSSAINT.

2.545 Lui! moi!... l'infâme!

LE MOINE.

Voila le cri du sang, voilà le fond de l'âme!

TOUSSAINT.

Son masque de héros ne me cache plus rien,
L'ennemi de ma race est à jamais le mien!

ALBERT.

À ces emportements donnez du temps, mon père!
2.550 Possédez tout en vous, même votre colère.
* Nous sommes les enfants des races d'ici-bas;
* Au rang des nations on monte pas à pas;
* Derniers-nés des humains, privés de l'héritage,
* Il est long le chemin d'un trône à l'esclavage.
2.555 * Pouvons-nous espérer que nos frères partout
* D'à genoux qu'ils étaient se réveillent debout?
* Vouloir tout obtenir du ciel, c'est trop prétendre.
* Le secret de tout perdre est de ne rien attendre!
Il ne veut sur les noirs régner que par la loi.
2.560 Un pas, vous êtes libre! un mot, vous êtes roi!...

Il tend la main à son père.

TOUSSAINT, *retirant la sienne.*

Arrête! entre nous deux je vois toute ma race.
Sois de ton sang, mon fils, avant que je t'embrasse!

Quoi! c'est toi, c'est un fils par ma mort racheté,
Qui me conseille un pacte avec la lâcheté!
2.565 * Non, je n'affranchis pas Haïti de ses chaînes
* Pour aggraver le poids d'autres races humaines;
* Tout affront par un noir en mon nom supporté
* Me ferait détester ma propre liberté.
* Qui la livre, mon fils, pour soi n'en est plus digne.
2.570 * Tu vois dans quel esprit le chef des blancs la signe,
* Il la tend en amorce aux noirs de nos climats,
* Pour l'enchaîner ailleurs à l'arbre de ses mâts,
* Et revenir après, débarquant dans nos havres,
* Dans son berceau sanglant l'étouffer de cadavres!
2.575 * Et je lui prêterais le sol pour l'égorger?
* Je retiendrais le bras qui seul peut la venger?...
Quoi! du bourreau des miens silencieux complice,
Du sein de mon repos je verrais leur supplice?
Et c'est vous! vous, mes fils, qui venez!... Dans mon sein
2.580 N'ai-je donc quarante ans couvé mon grand dessein,
Dissimulé ma force, évaporé ma haine,
Bu ma honte, joué, chien souple, avec ma chaîne,
Et, serrant le fer nu dans mon poing frémissant,
Tracé vers l'avenir ma route avec mon sang,

Il découvre sa poitrine et laisse voir ses cicatrices.

2.585 Que pour voir, ô dernière, irréparable injure!
Mes fils me rejeter ce sang à la figure:
Et dire, en reniant le coup que j'ai frappé:
«Reprenez votre mors, vous vous êtes trompé!»
Quoi! c'est vous qui voulez que j'abdique, et qu'on dise:
2.590 «Toussaint mena son peuple à la terre promise,
Mais il ne verra pas le bien qu'il a conquis!...
Seul, il eût été roi!... mais il avait des fils!...»
Allez! cœurs dont l'Europe a ramolli les fibres,
Vous emportez mon sang, mais je vous laisse libres.
2.595 Choisissez sans contrainte entre les blancs et moi!

ISAAC.

Dût l'île s'engloutir, moi j'y reste avec toi!

ADRIENNE, *tendant les bras à Albert.*

Albert! regarde-nous!

ISAAC, *cherchant à attirer Albert à Toussaint.*

Tu regardes la terre!
Oh! parle, dis un mot!

TOUSSAINT.

C'est parler que se taire!
Va, pars, n'hésite plus!

S'attendrissant tout à coup.

Tu partirais, mon fils?
2.600 Trahissant à la fois ton père et ton pays!
Mon Albert! mon amour! le rayon de mon âme!
Mon premier-né, l'enfant de ma première femme!
Toi, qu'en pressant jadis tout petit sur mon sein,
J'affranchissais du cœur dans mon secret dessein!
2.605 De mes premiers exploits, chère et première cause,
Qui dans chaque espérance étais pour quelque chose,
Qui te réfléchissais grand, libre, heureux et roi,
Dans les ruisseaux de sang que je versais pour toi,
Tu ferais éclater ce cœur dans ma poitrine,
2.610 À l'heure où nos tyrans penchent vers la ruine?
Et dans ce fils, qu'un monstre a pu dénaturer,
Tu leur porterais! quoi? ma chair à torturer!
O ciel! rends-moi mes fers; ô ciel! rends-moi mes maîtres!
L'esclave eut des enfants! le chef n'a que des traîtres!
2.615 Mais non! je m'avilis en efforts superflus;
Il se tait!... Eh bien, pars! je ne te connais plus!...
Pardonne, ô mon pays! ce cri de la nature,
Ce cri qu'au patient arrache la torture,
En déchirant son sein sans ravir son secret!
2.620 Tu m'arraches le cœur, oui! mais pas un regret!

À son fils avec mépris.

Reprenons tous les deux moi ma mort, toi ta chaîne!

ALBERT, *avec embarras.*

O mon père! au consul ma parole m'enchaîne;
Si je ne pouvais pas vous fléchir, j'ai promis
De ne pas me ranger parmi ses ennemis.
2.625 Pardonnez! votre gloire et notre délivrance
Pour vous sont en ces lieux, et pour moi sont en France!
En vain mon cœur se brise en s'arrachant d'ici!
Ma promesse... est ailleurs!...

ADRIENNE, *se précipitant à ses pieds.*

Et ton amour aussi!
Eh quoi! les bras levés de la pauvre Adrienne,
Cette vie en naissant enchaînée à la tienne,
2.630 Ce cœur qui n'a vécu que de son seul amour!
Qui, dans les jours sans fin, n'attendait qu'un seul jour!
* Notre enfance en commun du même pain nourrie,
* Toute joie en mon cœur à ton départ tarie;
* À travers l'Océan ce soupir éternel,
2.635 * Te rappelant d'ici sur le sein paternel,
Rien ne peut!... Ah! qu'ont-ils pour fasciner ton âme?
As-tu lu plus d'amour dans un regard de femme?
Foule alors, sous tes pieds, ce cœur plein de ta foi,
Qui crie encor d'amour, en se brisant pour toi!
2.640 Pour faire un pas vers eux, traverse donc ma vie!
Non, la nature parle et l'amour t'en défie!...
Ils te rendent à nous, à ton père, à ton sang!

En se jetant dans ses bras.

2.645 Ah! je sens sous mon front battre un cœur renaissant,
Son regard attendri se mouille, sa main tremble;
Il cède!... Nous vivrons ou nous mourrons ensemble!

ALBERT, *désespéré, à son père et à Adrienne.*

Entre l'honneur et vous qui pourrait réfléchir?

ISAAC.

Réfléchir!

LE MOINE.

Il chancelle!

ADRIENNE.

Il pleure!

LE MOINE.

Il va fléchir!

ALBERT.

2.650 Mon cœur est tout à vous, mais ma foi me rappelle;
Le noir comme le blanc doit y rester fidèle!
J'ai trop promis, sans doute! oui, mais il faut tenir.

Il fait un signe de désespoir et s'éloigne de quelques pas, lentement, la tête baissée. — Adrienne pousse un cri. — Toussaint fait un geste d'abattement. — Albert se retourne et revient sur ses pas.

ADRIENNE, *avec un geste de joie.*

Je le sentais bien, moi, qu'il allait revenir!

À ce moment Rochambeau, qui s'est avancé sans être aperçu jusque-là vers le lieu de la conférence, se montre de loin sur un rocher.

ROCHAMBEAU, *à haute voix et lentement, en faisant des gestes aux troupes blanches avec son épée.*

Souviens-toi du consul! C'est le moment d'être homme:
2.655 L'Europe te regarde et ton honneur te somme!

Albert hésite et veut remonter. Au même instant deux officiers gravissent la pente, prennent Albert sous les bras et l'entraînent.

LE MOINE, *à Toussaint.*

Tu vois!

TOUSSAINT.

Je sens en moi chanceler ma raison!
Mon fils! reviens, je cède!...

LE MOINE.

O honte! ô trahison!
C'est un peuple qu'il cède!

TOUSSAINT.

Eh bien, non, c'est mon âme!

Adrienne et Isaac se tiennent embrassés convulsivement en voyant disparaître Albert. — Toussaint, égaré, chancelant, marchant à tâtons en étendant les bras à droite et à gauche, se précipite sur les pas de son fils; il articule quelques mots confus lentement entrecoupés.

Ah! ces grands fondateurs n'avaient ni fils ni femme!
2.660 De la nature en eux Dieu seul était vainqueur!
Mais moi!... Vous triomphez, ô blancs!... j'avais un cœur!

Il tombe évanoui sur un tertre. — Adrienne, le moine, Isaac le suivent, se penchent sur lui pour le ranimer et le relever; Isaac lui jette ses bras autour du cou.

ISAAC.

Je t'aimerai pour deux, mon père

LE MOINE, *à genoux.*

Le génie,
Rédemption d'un peuple, a donc son agonie!
Père, qui de ton fils contemples la sueur,
Soutiens-le sur sa croix!

On entend une rumeur sourde croissant dans les vallées et dans les gorges sous le plateau. — On voit briller aux premières clartés du soleil levant des baïonnettes se glissant sous les mornes.

ADRIENNE *se levant en sursaut et se penchant sur le ravin.*

2.665 O ciel! quelle lueur!
Quel cliquetis de fer vers ces lieux brille et monte?
Je n'en puis plus douter: Aux armes!... Crime et honte!
Mon pays par ma faute allait périr en lui!
Toussaint!... Il n'entend pas, mais son âme m'a lui!
2.670 Courons donner aux siens le signal qu'ils attendent!
Que les plis du drapeau sur Haïti s'étendent!
Vous, rappelez la vie à ses membres tremblants,
Et qu'il meure du moins debout devant les blancs!

Elle s'élance, prend précipitamment le drapeau placé sur une pointe du rocher, monte sur ce rocher, et plante le drapeau sur la crête la plus élevée; elle l'agite pour qu'il soit aperçu de plus loin. — À ce moment, on entend des roulements lointains de canons et de coups de feu sous tous les mornes, et des cris de commandement. — Au premier feu, on voit Adrienne, s'exposant de tout le corps aux balles, fléchir et tomber frappée d'un coup mortel au cœur; elle chancelle et tombe dans les plis du drapeau. — Toussaint, le moine et Isaac, accourus au feu, la portent sur la scène ensanglantée et expirante.

TOUSSAINT, *pleurant.*

Sublime enfant! ta mort est un double martyre;
2.675 Je perds un fils! et toi!... Dieu de moi te retire,
Mais sur nous par ta main le triomphe a flotté,
Ange de la victoire et de la liberté!

Il reste anéanti oubliant tout sur le cadavre.

LE MOINE.

Laisse-nous à son sang mêler nos saintes larmes!
Ce sang fume entre un monde et l'autre! Achève...

TOUSSAINT, *revenant tout à fait à lui, s'élance à son tour sur le rocher, ressaisit le drapeau tombé des mains d'Adrienne et crie d'une voix terrible:*

Aux armes!

De toutes les cavités des rochers s'élancent des soldats blancs et noirs. Le canon tonne dans le lointain. — Les fusillades s'engagent.

FIN

AJOUTS ET SUPPRESSIONS SUR L'ÉDITION ORIGINALE

* Vers 570 et 571 ajoutés.

---

* Vers 1.173 et 1.174 ajoutés.

---

* Vers supprimés après le vers 1.204:

Déchirer le bandeau de la superstition
Que dépouille à nos yeux la grande nation;
Être appelés d'en bas pour mieux voir la lumière
Dans cette Europe en feu qui la vit la première;

---

* Vers supprimés après le vers 1.380:

* Au rang de citoyen il m'a donné l'accès:
* Sans patrie ici-bas, il m'a créé Français;
* Ses bontés m'ont ouvert, dans ma vile indigence,
* Le monde de la gloire et de l'intelligence.

---

* Vers supprimés après le vers 1.656:

Le pied qui rampe à terre est la base de l'homme
Le cadran brille à l'œil et cache un vil ressort…

---

* Vers 1.657-1.658 ajoutés.

---

* Vers 1.859-1.862 ajoutés.

---

* Vers 1.863-1.864 remplacent:

Voir le fils que j'adore entraîné par les blancs,
Le père fugitif, proscrit par ses enfants!

---

* Vers supprimés après le vers 1.908:

J'ai nié sans scrupule et sans rougeur au front;
J'ai tâché d'égaler l'insolence à l'affront;

---

* Vers 1.939-1.940 ajoutés.

---

* Vers 2.033 et 2.034 ajoutés.

---

* Vers supprimés après le vers 2.078:

Sauvons-nous... profitons du reste de la nuit.

ADRIENNE

Un père nous attend.

ISAAC

Un ange nous conduit.

---

* Vers supprimés après le vers 2.082:

* Quoi! ces sinistres bruits d'orgueil ou de mépris,
* De sentiments cruels chez nos tyrans appris,
* C'étaient donc les erreurs de la crédule absence,
* Qui pour s'évanouir attendaient ta présence?

---

* Vers supprimés après le vers 2.090:

Ces noms que loin de toi je répétais souvent,
Que savaient les déserts, la mer, les bois, le vent.

---

* Vers supprimés après le vers 2.112:

* Il faut plus... Oui, j'y songe. Il faut que dans la lie,
* Dans l'écume des camps profanée et salie,
* Cette fleur des déserts balayés à l'égout,
* Devienne aux yeux d'Albert un objet de dégoût!

---

* Vers supprimés après le vers 2.128:

Comment est-il tombé dans ce hideux repaire
Où le vice enfermé n'a ni mère ni père?
Si c'était!... Dieu vengeur, quel étrange soupçon
Fait couler ma sueur que glace le frisson!

---

* Vers supprimés après le vers 2.134:

* Oui, de ma fuite ainsi le destin s'est moqué!...
* Ce mystère autrement peut-il être expliqué?

ces deux vers étaient suivis par deux autres, qui dans notre édition, se trouvent au début de la prochaine tirade de Salvador, aux vers 2.137 et 2.138:

Cette enfant... c'est ma fille, et dans ce gouffre infâme
Ce que je repoussais du pied... c'était mon âme!...

---

* Vers supprimés après le vers 2.144:

* Mon cœur est mon bourreau, ma fille est mon supplice.
* Qu'elle... ou bien qu'à jamais ma honte m'engloutisse!

---

* Vers 2.145-2.149 remplacent:

* Mon frère!... Il est parti!... La mort!... Mais c'est mon sang!
* Où perdre d'un forfait ce témoin renaissant?
Comment lui commander un éternel silence?
Où fuir?... Où l'emporter?... On m'épie!... Espérance!...
Ce moine, par le sort envoyé dans ces lieux,

---

* Vers 2.169 et 2.170 remplacent:

Ignorons par quel art cette enfant est conduite,
Qui parmi les soldats aura couvert sa fuite.

---

* Vers 2.205-2.206 remplacent:

O crime! ô trahison!
Ce jour perd à la fois mon cœur et ma raison!
Devant eux, maintenant, comment oser paraître?...
Je passais pour cruel… Je vais passer pour traître!
Espoir, ambition, tout est anéanti...
Ah! trop tard, devant Dieu, je me suis repenti!
Point de route en avant, point de fuite en arrière!
Ma fortune s'envole avec cette poussière!

---

* Vers supprimés après le vers 2.375:

Adrienne, ils sont là, mes lionceaux!... Tous deux!...
Ah! tout mon cœur bondit et vole au-devant d'eux!

---

* Vers 2.426 et 2.427 ajoutés.

---

* Vers supprimés après le vers 2.516:

Son pain fut notre pain, son palais notre asile:
Il formait notre esprit à ses leçons docile.
Souvent en descendant de son sanglant coursier
Il nous assit jouant sur ses genoux d'acier,

---

* Vers supprimés après le vers 2.550:

* Placez-vous au-dessus de ces vieux préjugés
* De couleur et de sang, mais pensez et jugez!
* L'homme ne grandit pas en un jour: il commence
* Dans les langes étroits de sa débile enfance.

---

* Vers supprimés après le vers 2.637:

* Pour captiver un frère ont-ils des noms plus doux?...
* Brise donc ces deux mains qui serrent tes genoux,
* Éteins donc ces deux yeux où ta fidèle image
* Brûle dans tant de feux, dans tant de pleurs surnage!

BIBLIOGRAPHIE

1. PRINCIPALES ÉDITIONS DE *TOUSSAINT LOUVERTURE*

«Les Esclaves» (*Toussaint Louverture*, Acte V, sc. ii) in *Revue des deux mondes*, 1er mars 1843.

Toussaint Louverture, poème dramatique, par A. de Lamartine, Paris, Michel Lévy frères, 1850, in-8° xxxvi-302 p. («De l'émancipation des esclaves», pp. 245-302).

———, 1850, 2e éd., Ibid, xxxvi-302 p.

———, 1854. Ibid, in-18, xvi-310 p.

———, 1857. Ibid, in-18, xvi-310 p. (Collection Michel Lévy)

Œuvres de Monsieur A. de Lamartine, Paris, Firmin Didot frères, 52 v., 1848-1855, «Édition des souscripteurs» (*Toussaint Louverture* au tome 18).

Œuvres complètes, Paris, l'auteur, 41 v., 1860-1866. (*Toussaint Louverture* au tome 32, 1863).

2. ÉDITIONS ÉTRANGÈRES ET TRADUCTIONS[1]

ÉDITION BELGE

Toussaint Louverture, poème dramatique par A. de Lamartine ... [Paris, Porte Saint-Martin, 6 avril 1850], 2e éd., Bruxelles, Vve Wouters, 1850, in-18.

TRADUCTION ALLEMANDE

Toussaint Louverture; dramatisches Gedicht. Aus dem Franzosischen von P. Meyer. Stuttgart, Rieger, 1850.

---

1 Seule la première traduction est indiquée.

ÉDITION ALLEMANDE EN FRANÇAIS

Toussaint Louverture par A. de Lamartine, in *Théâtre français publié par C. Schütz*, onzième série, VIe livraison, Bielefeld, Velhagen & Klasing, 1850.

ÉDITIONS SCOLAIRES ANGLAISES BILINGUES

Toussaint Louverture, a dramatic poem, by A. de Lamartine, edited with English notes, by Professor Charles Cassal, The London Series of French Classics, London, Longmans, Green & Co., 1875, xxiv-163 p.

Toussaint Louverture, poëme dramatique en cinq actes et en vers / par A. de Lamartine; edited with introduction, notes, and vocabulary by George Raffalovich. The Century Modern Language Series, New York, London, The Century Co., 1931.

TRADUCTION ESPAGNOLE

Toussaint Louverture, traducido libremente en variedad de metros por Antonio Ribot y Fontsere, in *Dos perlas literarias*, Madrid, Ayguals de Izco Hermanos, 1853, [*Toussaint Louverture* aux pages 251-358].

3. PARODIES

LABICHE, Eugène et VARIN, Charles, *Traversin et Couverture*, parodie de *Toussaint Louverture*, en 4 actes, mêlée de peu de vers et de beaucoup de prose, par... [Paris, théâtre de la Montansier, 26 avril 1850], Poissy, Impr. de Arbieu,(s.d.).

[COQUENARD fils] *Tout-Serin-la-Clôture*, joué une seule fois, le 29 avril, au théâtre des Variétés, et jamais publié.

4. OPÉRA

HERMANN, Gottfried, *Toussaint Louverture*, grosse Oper in 5 Aufzügen, nach dem Französischen des Lamartine, bearbeitet von Lemminger, Lübeck, H.G. Rahtgens, 18??, [Stadt-Theater zu Lübeck].

5. AUTRES ŒUVRES DE LAMARTINE CITÉES

Correspondance publiée par Mme Valentine de Lamartine, Paris, P. Hachette et Furne et Jouvet, 6 vol., 1875.

Correspondance générale 1830-1848, s.l.d. de Maurice Levaillant, 2 vol., Paris, Droz, 1943.

La France parlementaire (1834-1851), œuvres oratoires et écrits politiques, précédées d'une étude ... par Louis Ulbach, 6 vol., Paris, A. Lacroix, Verboeckhoven, 1864-1865:

Sur l'émancipation des esclaves, Chambre des députés, 22 avril 1835, vol. I, pp. 146-155.
Sur les colonies, Chambre des députés, 25 mai 1836, vol. I, pp. 253-264.
Sur l'émancipation des esclaves, Chambre des députés, 15 février 1838, vol. II, pp. 33-43.
Discours sur l'abolition de l'esclavage, Banquet, 10 février 1840, vol. II, pp. 307-313.
Discours sur l'abolition de l'esclavage, Banquet, 10 mars 1842, vol. III, pp. 170-179.

Histoire des Girondins, Paris, Furne et Coquebert, 8 vol., 1847.

Répertoire de la Correspondance de Lamartine (1807-1829), Christiane Croisille, éd., Cahiers d'études sur les correspondances au XIXe siècle, no. 7, Clermont-Ferrand, 1997.

6. COMPTES RENDUS DE PRESSE DE *TOUSSAINT LOUVERTURE*

L'Assemblée nationale (Édouard Thierry), 15 avril.
Bibliothèque universelle de Genève, XIV, 53, mai 1850, pp. 121-127.
Le Caricaturiste (Jules de Pemaray), «Paris sur la sellette» , 14 avril.
Le Charivari (anon), 8 avril.
La Chronique de Paris, mai 1850, pp. 142-143.
Le Conseiller du peuple (Eugène Pelletan), avril 1850, pp. 165-167.
Le Constitutionnel (Auguste Lireux), 8 avril.
Le Corsaire (Louis Boyer), 9 avril.
Le Corsaire (Charles Bercelièvre), 30 avril.

La Démocratie pacifique, 16 avril.
Le Dix-décembre (Théodore de Banville), 8 avril.
L'Événement, 8 et 9 avril.
L'Illustration (Philippe Busoni), 13 avril.
Journal des débats (Jules Janin), 8 avril.
Le Journal des théâtres, 10 avril.
La Liberté de penser (J. G.), 29, 1850, pp. 521-525.
La Mode (Charles Bercelièvre), 15 avril.
Le Moniteur universel (T. Sauvage), 15 avril.
Le National (Paul de Musset), 8 avril.
L'Opinion publique (Calixte Ermel) [pseud. d'Armand de Pontmartin], 9 avril.
La Patrie (Jules de Pemaray), 8 avril.
La Presse (Théophile Gautier), 8 avril. (Repr. in *Histoire de l'art dramatique*, Paris, Magin, 1859, VI, 163, et *Les Maîtres du théâtre français de Rotrou à Dumas fils*, Paris, Payot, 1929, pp. 325-334).
Revue des deux mondes (Gustave Planche), 2, 1850, pp. 353-368.
Le Siècle (Charles de Matharel), 8 avril.
La Silhouette, 14 avril.
L'Union (J.T.), 6 avril.
La Voix du peuple (G.Y.), 10 avril.

7. AUTRES OUVRAGES

ANON., «Les Fêtes du centenaire», *L'Aurore* (Aux Cayes), 5 jan. 1904.

ALEXANDRE, Charles, «Souvenirs de Lamartine. *Toussaint Louverture*», *Annales de l'Académie de Mâcon*, t. III, 2e série, 1881, pp. 93-99. [Repr. aux pp. 194-202 des *Souvenirs...* de Charles Alexandre].

ALEXANDRE, Charles, *Souvenirs sur Lamartine*, Paris, Charpentier, 1884, viii-442 p.

ANTOINE, Régis, *Les Écrivains français et les Antilles des premiers Pères Blancs aux Surréalistes Noirs*, Paris, G. P. Maisonneuve et Larose, 1978.

BELLEGARDE, Dantès, «Lamartine et Toussaint-Louverture», *Cahiers d'Haïti* (Port-au-Prince), no. 10, mai 1944, pp. 20-22.

BÉNOT, Yves, «Lamartine et la nuit du Bois-Caïman», *Europe*, 66, no. 715-716, nov.-déc. 1988, pp. 35-42.

BÉNOT, Yves, *La Révolution française et la fin des colonies*, Paris, Éd. La Découverte, 1989.

BERVEILLER, Michel, «Lamartine et les Noirs», *Conjonction* (Port-au-Prince), no. 24, déc. 1949, pp. 1-3.

BIRÉ, Edmond, *Mes Souvenirs 1846-1870*, Paris, Lamarre, 1908.

BRAHIMI, Gisèle, «Assimilation ou lutte des races: le *Toussaint Louverture* de Lamartine», in *La Période révolutionnaire aux Antilles dans la littérature française (1750-1850)*, Actes du colloque international pluridisciplinaire 26-30 nov. 1986, Fort-de-France, Pointe-à-Pitre, Schoelcher, GRELCA, s.d., pp. 91-100.

CHAM (pseud. de Amédée Charles Henry de NOÉ), «*Toussaint Sale Figure*, pièce en vers et contre tout ce qui est blanc, mêlée de strophes, d'apostrophes et catastrophes», *Le Punch à Paris*, 1850, pp. 65-69.

COHEN, Henry, «Lamartine's *Toussaint Louverture* (1848) and Glissant's *Monsieur Toussaint* (1961)», *Studia Africana*, 1, 3, Aut. 1979, pp. 255-269.

CORZANI, Jack, «De l'aliénation révolutionnaire: À propos de *L'Adieu à la Marseillaise*, de J. Brierre), in *Mourir pour les Antilles - Indépendance nègre ou esclavage (1802-1804)*, s.l.d. de Michel L. Martin et Alain Yacou, Paris, Éd. Caribéennes, 1991, pp. 45-56.

CORZANI, Jack, «*Toussaint Louverture* [de Lamartine] in *Dictionnaire encyclopédique Désormeaux*, Fort-de-France, Désormeaux, 1993, p. 2.257.

COURT, Antoine, «Lamartine et Césaire, deux regards sur Toussaint Louverture», *Œuvres et critiques* (Tübingen), vol. XIX, 2, 1994, pp. 267-280.

DELORME, Demesvar, «Haïti et Monsieur de Lamartine», *L'Avenir* (Cap-Haïtien), 2 juin 1860.

DUBROCA, Louis, *La Vie de Toussaint Louverture*, Paris, Dubroca, 1802.

DUMONT, Francis et GITAN, Jean, *De quoi vivait Lamartine*, Paris, Éd. des Deux-Rives, 1952.

FANON, Frantz, *Peau noire masques blancs*, Paris, Seuil, 1952.

FERGUSON, J. A., «Le Premier des Noirs: The Nineteenth Century Image of Toussaint Louverture», *Nineteenth Century French Studies*, vol. 15, no. 4, Summer 1987, pp. 394-406.

FREEMAN, E., «From Raynal's 'New Spartacus' to Lamartine's *Toussaint Louverture*: a myth of the black soul in rebellion», in *Myth and its Making in the French Theatre*, s. l. d. E. Freeman et al., Cambridge, Cambridge University Press, 1988, pp. 136-157.

GENGEMBRE, Gérard, «De *Bug-Jargal* à *Toussaint Louverture*: le romantisme et l'esclave révolté», in *Les Abolitions de l'esclavage*, textes réunis et présentés par Marcel Dorigny, Paris, Presses Universitaires de Vincennes et Éd. UNESCO, 1995, pp. 309-316.

GITAN, Jean, voir DUMONT, Francis.

GRANIER de CASSAGNAC, Bernard Adolphe, *De l'émancipation des esclaves: lettres à M. de Lamartine*, Paris, Delloye, 1840.

GUILLEMIN, Henri, *Lamartine, l'homme et l'œuvre*, Paris, Boivin, 1940.

HARRIS, Rodney E., «*Toussaint Louverture*: Paris, 1850», *Nineteenth Century French Studies,* vol. V, no. 3 & 4, Spring-Summer 1977, pp. 206-211.

HOFFMANN, Léon-François, *Le Nègre romantique, personnage littéraire et obsession collective*, Paris, Payot, 1973.

HOFFMANN, Léon-François, «Victor Hugo, les Noirs et l'esclavage», *Francofonia*, 31, Aut. 1996, 47-90.

HOWARTH, W. D., *Sublime and Grotesque, A Study of French Romantic Drama*, London, Harrap, 1975.

IOTTI, Gianni, «*Toussaint Louverture*: la tragedia e la storia», in *Lamartine, Napoli e l'Italia*, Atti del Convegno, Napoli, 1-3 ott. 1990, introd. di George Vallet, Napoli, Guida Ed., 1993, pp. 131-152.

ISSACHAROFF, Michael, «Labiche et l'intertextualité comique», *Cahiers de l'AIEF*, 35, mai 1983, pp. 169-182.

JOATTON, Charles, «Lamartine auteur dramatique: les avatars du texte de *Toussaint Louverture*», in *Centenaire de la mort d'Alphonse de Lamartine, Actes du Congrès III*, 2 au 5 mai 1969, Comité permanent d'études lamartiniennes, Mâcon, s.d. [1969], pp. 127-135.

JOATTON, Charles, «Lamartine auteur dramatique: coups d'essai, coups de maître», *Annales de l'Académie de Mâcon*, 1970-1971, vol. XL, pp. 19-32.

JOATTON, Charles, «Lamartine et l'esclavage; la genèse et le sens de *Toussaint Louverture*», *Annales de l'Académie de Mâcon*, 3e série, vol. XLVIII, 1966-1967, pp. 94-112 .

JURT, Joseph, «Lamartine et l'émancipation des Noirs», in *Images de l'Africain de l'antiquité au XXe siècle*, s.l.d. Daniel Droixhe et Klaus H. Kiefer, Bayreuther Beiträge zur Literaturwissenschaft, Frankfurt/Main, Berne, New York, Paris, Peter Lang, 1987, pp. 113-128.

KNABE, Peter-Eckhard, «Der haitianische General Toussaint Louverture auf der Bühne. (Lamartine, Glissant, Dadié)», in Günter Kahle, Horst Pietschmann u. Hans Pohl, *Jahrbuch für Geschichte von Staat, Wirtschaft und Gesellschaft Lateinamerikas*, Köln, Weimar, Wien, Böhlau Verlag, Band 28, 1991, pp. 427-440.

LAFONTANT, Julien J., «Lamartine and the Negro», *Nineteenth Century French Studies*, vol. 11, no. 1 & 2, Fall-Winter 1982-1983, pp. 83-95.

LA SALLE, Henri de, «La *Marseillaise des Noirs* de Lamartine», *Écho-Liberté* (Lyon), 31 jan. 1961.

LECOMTE, Louis-Henry, *Frédérick Lemaître, étude biographique et critique*, 2 vol., Paris, l'auteur, 1888.

LECONTE de LISLE, «Revue mensuelle», *La Variété*, 5e livraison, août 1840, pp. 159-160. [Reprod. in *Articles, Préfaces, Discours*, éd. Edgar Pich, Paris, Belles Lettres, 1971].

LEMAITRE, Frédérick, *Souvenirs de Frédérick Lemaître publiés par son fils*, Paris, Ollendorff, 1880.

LOMBARD, Charles, *Lamartine*, New York, Twayne Publishers, 1973.

LOUVERTURE, Isaac, «Notes historiques...», *Revue de l'Agenais*, mars-avr. 1915. [Introduction de J. R. Marboutin, pp. 77-86]. Voir MÉTRAL, Antoine.

LUCAS-DUBRETON, Jean, *Lamartine,* Paris, Flammarion, 1951.

MARBOUTIN, J. R.: voir LOUVERTURE, Isaac.

MERCIER, Roger, «Lamartine et le problème noir dans *Toussaint Louverture*», in *Centenaire de la mort d'Alphonse de Lamartine, Actes du Congrès III*, 2 au 5 mai 1969, Comité permanent d'études lamartiniennes, Mâcon, s.d. [1969], pp. 173-181.

MÉTRAL, Antoine, *Histoire de l'expédition des Français à Saint-Domingue, suivie des Mémoires et notes d'Isaac Louverture*, Paris, Fanjat aîné, 1825.

MIDDELANIS, C. Hermann, «L'actualité de *Toussaint Louverture* en 1850», in *La Révolution française et Haïti*, s. l. d. de Michel Hector, 2 vol., Port-au-Prince, Société haïtienne d'histoire et de géographie et Éd. Henri Deschamps, 1995, vol. I, pp. 289-305.

MIDDELANIS, C. Hermann, *Imperialen Gegenwelten. Haiti in den französischen Text- und Bildmedien*, Frankfurt am Main, Vervuert, 1996.

NEMOURS, général Alfred, *Histoire de la famille et de la descendance de Toussaint-Louverture*, Port-au-Prince, Impr. de l'État, 1941, viii-303 p.

NOÉ: voir CHAM.

O'CONNELL, David, «The Black Hero in French Romantic Fiction», *Studies in Romanticism*, 12, 2, Spring 1973, pp. 516-529.

PLANHOL, René de, «La Première de *Toussaint Louverture*», *La Minerve française,* vol. 58, 1er avr. 1920.

QUENTIN-BAUCHART, Pierre, *Lamartine, homme politique*, Paris, Plon, 1903.

REVUE DES SCIENCES HUMAINES, *Lamartine et son temps*, nlle série, 136, oct-déc. 1969.

SAINT-ANTHOINE, Daniel de, *Notice sur Toussaint Louverture*, (Extrait des *Annales de l'Institut d'Afrique*, 1841), Paris, Lacour, 1842.

SCHWEITZER, Jerome W.: voir WICKS.

SENGHOR, Léopold Sédar, «Lamartine, homme de pensée et d'action», in Comité permanent d'études lamartiniennes, *Centenaire de la mort d'Alphonse de Lamartine, Actes du Congrès III*, Mâcon, s.d. [1969], pp. 67-69.

STRIKER, Ardelle, «Spectacle in the Service of Humanity: The Negrophile Play in France from 1789 to 1850», *Black American Literature Forum*, 19, 2, Summer 1985, pp. 76-82.

TOESCA, Maurice, *Lamartine ou l'amour de la vie*, Paris, Albin Michel, 1969.

WHITEHOUSE, Henry Remsen, *Life of Lamartine*, 2 vol., Boston, Houghton Mifflin, 1918.

WICKS, Charles B. et SCHWEITZER, Jerome W., *The Parisian Stage: III (1831-1850)*, University, Alabama, University of Alabama Press, 1961.

TABLE DES MATIÈRES

TOUSSAINT LOUVERTURE

Textes littéraires

Titres déjà parus

I Sedaine LA GAGEURE IMPRÉVUE éd R Niklaus

II Rotrou HERCULE MOURANT éd D A Watts

III Chantelouve LA TRAGÉDIE DE FEU GASPARD DE COLLIGNY éd K C Cameron

IV Th Corneille LA DEVINERESSE éd P J Yarrow

V Pixérécourt CŒLINA éd N Perry

VI Du Ryer THÉMISTOCLE éd P E Chaplin

VII Discret ALIZON éd J D Biard

VIII J Moréas LES PREMIÈRES ARMES DU SYMBOLISME éd M Pakenham

IX Charles d'Orléans CHOIX DE POÉSIES éd J H Fox

X Th Banville RONDELS éd M Sorrell

XI LE MYSTÈRE DE SAINT CHRISTOFLE éd G Runnalls

XII Mercier LE DÉSERTEUR éd S Davies

XIII Quinault LA COMÉDIE SANS COMÉDIE éd J D Biard

XIV Hierosme d'Avost ESSAIS SUR LES SONETS DU DIVIN PÉTRARQUE éd K C Cameron et M V Constable

XV Gougenot LA COMÉDIE DES COMÉDIENS éd D Shaw

XVI MANTEL ET COR: DEUX LAIS DU XIIe SIÈCLE éd P E Bennett

XVII Palissot de Montenoy LES PHILOSOPHES éd T J Barling

XVIII Jacques de la Taille ALEXANDRE éd C N Smith

XIX G de Scudéry LA COMÉDIE DES COMÉDIENS éd J Crow

XX N Horry RABELAIS RESSUSCITÉ éd N Goodley

XXI N Lemercier PINTO éd N Perry

XXII P Quillard LA FILLE AUX MAINS COUPÉES et C Van Lerberghe LES FLAIREURS éd J Whistle

XXIII Charles Dufresny AMUSEMENS SÉRIEUX ET COMIQUES éd J Dunkley

XXIV F Chauveau VIGNETTES DES FABLES DE LA FONTAINE éd J D Biard

XXV Th Corneille CAMMA éd D A Watts

XXVI Boufflers ALINE REINE DE GOLCONDE éd S Davies

XXVII Bounin LA SOLTANE éd M Heath

XXVIII Hardy CORIOLAN éd M Allott

XXIX Cérou L'AMANT AUTEUR ET VALET éd G Hall

XXX P Larivey LES ESPRITS éd M J Freeman

XXXI Mme de Villedieu LE PORTEFEUILLE éd J P Homard et M T Hipp

XXXII PORTRAITS LITTÉRAIRES: Anatole France CROQUIS FÉMININS; Catulle Mendès FIGURINES DES POÈTES; Adolphe Racot PORTRAITS-CARTES éd M Pakenham

XXXIII L Meigret TRAITÉ ... DE L'ESCRITURE FRANÇOISE éd K C Cameron

XXXIV A de la Salle LE RÉCONFORT DE MADAME DE FRESNE éd I Hill

XXXV Jodelle CLÉOPATRE CAPTIVE éd K M Hall

XXXVI Quinault ASTRATE éd E J Campion

XXXVII Dancourt LE CHEVALIER A LA MODE éd R H Crawshaw

XXXVIII LE MYSTÈRE DE SAINTE VENICE éd G Runnalls

XXXIX Crébillon *père* ÉLECTRE éd J Dunkley

XL P Matthieu TABLETTES DE LA VIE ET DE LA MORT éd C N Smith

XLI Flaubert TROIS CONTES DE JEUNESSE éd T Unwin

XLII LETTRE D'UN PATISSIER ANGLOIS, ET AUTRES CONTRIBUTIONS A UNE POLÉMIQUE GASTRONOMIQUE DU XVIIIe SIÈCLE éd S Mennell

XLIII Héroët LA PARFAICTE AMYE éd C Hill

XLIV Cyrano de Bergerac LA MORT D'AGRIPPINE éd C Gossip

XLV CONTES RÉVOLUTIONNAIRES éd M Cook

XLVI CONTRE RETZ: SEPT PAMPHLETS DU TEMPS DE LA FRONDE éd C Jones

XLVII Du Ryer ESTHER éd E Campion et P Gethner

XLVIII Samuel Chappuzeau LE CERCLE DES FEMMES ET L'ACADÉMIE DES FEMMES éd J Crow

XLIX G Nouveau PAGES COMPLÉMENTAIRES éd M Pakenham

L L'Abbé Desfontaines LA VOLTAIROMANIE éd M H Waddicor

LI Rotrou COSROÈS éd D A Watts

LII A de la Chesnaye des Bois LETTRE A MME LA COMTESSE D... éd D J Adams

LIII A Hardy PANTHÉE éd P Ford

LIV Le Prince de Ligne LES ENLÈVEMENTS ou LA VIE DE CHATEAU EN 1785 éd B J Guy

LV Molière LA JALOUSIE DU BARBOUILLÉ et G DANDIN éd N Peacock

LVI La Péruse MÉDÉE éd J Coleman

Textes littéraires

LVII	Rotrou L'INNOCENTE INFIDÉLITÉ éd P Gethner
LVIII	C de Nostredame LES PERLES OU LES LARMES DE LA SAINCTE MAGDELEINE (1606) éd R J Corum
LIX	Montfleury LE MARY SANS FEMME éd E Forman
LX	Scarron LE JODELET ou LE MAITRE VALET éd W J Dickson
LXI	Poinsinet de Sivry TRAITÉ DU RIRE éd W Brooks
LXII	Pradon PHÈDRE ET HIPPOLYTE éd O Classe
LXIII	Quinault STRATONICE éd E Dubois
LXIV	M J Chénier JEAN CALAS éd M Cook
LXV	E Jodelle EUGÈNE éd M Freeman
LXVI	C Toutain TRAGÉDIE D'AGAMEMNON (1557) éd T Peach
LXVII	Boursault LES FABLES D'ÉSOPE ou ÉSOPE A LA VILLE (1690) éd T Allott
LXVIII	J Rivière et F Mauriac CORRESPONDANCE 1911-1925 éd J Flower
LXIX	La Calprenède LA MORT DES ENFANS D'HÉRODE éd G P Snaith
LXX	P Adam (?) SYMBOLISTES ET DÉCADENTS éd M Pakenham
LXXI	T Corneille CIRCÉ éd J L Clarke
LXXII	P Loti VERS ISPAHAN éd K A Kelly et K C Cameron
LXXIII	A Hardy MARIAMNE éd A Howe
LXXIV	Cl Gilbert HISTOIRE DE CALEJAVA ou DE L'ISLE DES HOMMES RAISONNABLES éd M S Rivière
LXXV	Odoric de Pordenone LES MERVEILLES DE LA TERRE D'OUTREMER (trad J de Vignay) éd D A Trotter
LXXVI	B J Saurin BEVERLEI éd D Connon
LXXVII	Racine ALEXANDRE éd M N Hawcroft et V J Worth
LXXVIII	Mallarmé VILLIERS DE L'ISLE ADAM éd A Raitt
LXXIX	Rotrou VENCESLAS éd D A Watts
LXXX	Ducis OTHELLO éd C N Smith
LXXXI	La Péruse POÉSIES COMPLÈTES éd J A Coleman
LXXXII	Du Ryer DYNAMIS éd J Rohou
LXXXIII	Chamfort MUSTAPHA ET ZÉANGIR éd S Davies
LXXXIV	Claire de Durfort, duchesse de Duras OURIKA éd R Little
LXXXV	Louis Bouilhet LE CŒUR A DROITE éd T Unwin
LXXXVI	Gillet de la Tessonerie L'ART DE RÉGNER éd P Chaplin
LXXXVII	POUR LOUIS BOUILHET éd A W Raitt
LXXXVIII	Rotrou LA SŒUR éd B Kite
LXXXIX	DIALOGUES RÉVOLUTIONNAIRES éd M C Cook
XC	LA VIE DE SAINT ALEXIS éd T Hemming
XCI	Jules Verne et Adolphe d'Ennery MICHEL STROGOFF éd L Bilodeau
XCII	Bernardin de Saint-Pierre EMPSAËL ET ZORAÏDE ou LES BLANCS ESCLAVES DES NOIRS A MAROC éd R Little
XCIII	Raymond Poisson LA HOLLANDE MALADE éd L Navailles
XCIV	Jean Galaut PHALANTE éd A Howe
XCV	L'Abbé D'Aubignac DISSERTATIONS CONTRE CORNEILLE éd N Hammond et M Hawcroft
XCVI	Sallebray LA TROADE éd S. Phillippo et J. Supple
XCVII	Fabre d'Eglantine LE PHILINTE DE MOLIERE éd J Proud
XCVIII	HISTOIRE D'ELEONORE DE PARME éd R Bolster
XCIX	Saint Lambert CONTES AMÉRICAINS éd R Little
C	P de Larivey LES TROMPERIES éd K C Cameron et P Wright
C I	Venance Dougados LA QUETE éd R Cazals
C II	Paul Adam PETIT GLOSSAIRE éd P McGuinness
C III	Claude Martin & Henri Delmas DRAME A TOULON — HENRI MARTIN éd T Freeman
C IV	Alphonse de Lamartine TOUSSAINT LOUVERTURE éd L-F Hoffmann
CV	Claire de Durfort, duchesse de Duras OURIKA (nouvelle édition) éd R Little